Grammatik Englisch im Griff

W0198230

von
Celia Blisset
Katherine Hallgarten

Ernst Klett Sprachen
Barcelona • Budapest • London • Posen • Sofia • Stuttgart

PONS Grammatik
Englisch im Griff

von Celia Blisset und Katherine Hallgarten

Deutsche Bearbeitung
Bernd Kleinheyer

Dieses Werk ist inhaltlich identlisch mit
Englische Grammatik im Griff, ISBN 3-12-560956-9.

1. Auflage A1 [7] [6] [5] [4] / 2005 2004 2003 2002

© Language Teaching Publications, 1992
Titel der Originalausgabe: First English Grammar

© dieser Ausgabe: Ernst Klett Sprachen GmbH, Rotebühlstraße 77,
70178 Stuttgart, 2002
erschienen im Ernst Klett Verlag GmbH, Rotebühlstraße 77,
70178 Stuttgart, 2000
Internet: http://www.pons.de
email: info@pons.de

Redaktion: Jochen Lohmeyer
Einbandgestaltung: Erwin Poell, Heidelberg;
Designbüro MESCH, Mannheim
Druck: Druckerei zu Altenburg, Altenburg
Printed in Germany.
ISBN 3-12-560884-8

So benutzen Sie dieses Buch

Englische Grammatik im Griff ist ein Buch zum Nachschlagen, Lernen und Üben.

Sie sind der Typ des/der modernen Lernenden: mit wenig Zeit, aber einem hohen Bedarf an schnell zugänglichen und gut aufbereiteten Informationen. Wenn Sie bemerken, dass Sie bei bestimmten englischen Wörtern oder Sätzen immer wieder Schwierigkeiten haben, wollen Sie dieses Problem wahrscheinlich kurzfristig und gründlich beseitigen. Damit Sie rasch die richtige Stelle im Buch finden, besitzt diese Grammatik drei verschiedene Verzeichnisse, die Sie ans Ziel führen können:

– *Sie sind sich nicht mehr sicher, wie das Present Perfect funktioniert? Die wichtigsten Wörter und Begriffe haben Sie sofort über das **Inhaltsverzeichnis** im Griff.*

– *»Slow – slowly« – wo liegt eigentlich der Unterschied? Bestimmte Formen finden Sie leicht wieder im **Wegweiser** durch das Buch.*

– *»3. Form«, »unregelmäßig«, »zählbar«, »themselves« – wenn Sie sich über Sinn und Bedeutung eher seltener Begriffe oder Wörter nicht mehr im Klaren sind, hilft Ihnen der **Index** am Ende des Buchs.*

Typischer Aufbau eines Grammatikkapitels:

 Hier können Sie die Sprache unter die Lupe nehmen: Sie sehen das Grammatikthema des Abschnitts im Satzzusammenhang und finden zur Sicherung der Bedeutung meist eine deutsche Übersetzung.

 Hier erfahren Sie, wie Sie das Puzzle der Wörter richtig zusammensetzen: Tabellen zeigen Ihnen in knappen Übersichten die wichtigsten Formen/Endungen der Wörter und wie Sie sie richtig in Sätze einbauen.

Beispiele *Grammatik »verstehen« reicht nicht, man muss sie auch richtig anwenden können: Anhand typischer Sätze können Sie sich einprägen, wie und wann Sie ein Wort, eine bestimmte Form oder ein Satzmuster verwenden sollten.*

 Achtung, hier folgen wichtige Hinweise: An dieser Stelle erhalten Sie Tips zu häufigen Missverständnissen und Schwierigkeiten, denen Sie beim Englischlernen begegnen.

Test Yourself *Wollen Sie sicher gehen, dass Sie das Wesentliche verstanden haben? 10 Tests zu den wichtigsten Grammatikkapiteln ermöglichen Ihnen eine schnelle Überprüfung Ihrer Kenntnisse.*

Grammatikbegriffe in der Übersicht

Die in diesem Buch verwendeten Begriffe sind durch Fettdruck hervorgehoben.

Englisch	*Deutsch*	*Lateinisch*
Adjective	Eigenschaftswort	**Adjektiv**
Adverb	Umstandswort	**Adverb**
Active	–	**Aktiv**
Article	**Artikel**	–
Conditional Sentences	**Bedingungssätze**	Konditionalsätze
Imperative	**Befehlsform**	Imperativ
Question Tags	**Frageanhängsel**	–
Pronoun	**Fürwort**	Pronomen
Nouns	**Hauptwörter**	Nomen
Auxiliaries	**Hilfsverben**	–
Reported Speech	**Indirekte Rede**	–
Infinitive	Grundform	**Infinitiv**
Conjunctions	Bindewörter	**Konjunktionen**
Consonants	**Mitlaute**	Konsonanten
Modals	**Modale Hilfsverben**	–
Object	Satzergänzung	**Objekt**
Passive	Leideform	**Passiv**
Past Continuous	Verlaufsform Vergangenheit	–
Past Simple	Einfache Vergangenheit	Imperfekt
Prepositions	Verhältniswörter	**Präpositionen**
Present Continuous	Verlaufsform Gegenwart	–
Present Simple	Einfache Gegenwart	Präsens
Present Perfect	Vollendete Gegenwart	Perfekt
Present Perfect Continuous	Verlaufsform vollendete Gegenwart	–
Vowels	**Selbstlaute**	Vokale
Subject	Satzgegenstand	**Subjekt**
Verb	Tätigkeitswort	**Verb**
Full Verb	**Vollverb**	–
Future	**Zukunft**	Futur

Inhaltsverzeichnis

Wegweiser durch das Buch

We **live** in Grange Road but we**'re looking** for a new flat.

*Wie funktioniert das **Present Simple**? Siehe S. 14.*
*Was ist das **Present Continuous**? Siehe S. 16.*

He **rang** while I **was watching** the news.

*Das **Past Simple**? Da gab es doch diese unregelmäßigen ... Siehe S. 20.*
*Ein **Past Continuous**? Siehe S. 22.*

Now I**'ve written** to her, but I**'ve been trying** to ring her for ages.

***Present Perfect**? Das war doch ... Siehe S. 30.*
*... sieht kompliziert aus: **Present Perfect Continuous**? Mehr auf S. 32.*

I**'m going to write** tomorrow.
I**'ll write** tomorrow.
We **leave** at six tomorrow morning.
We**'re having** lunch in Oxford.

***Zukunft**? Und dafür 4 Formen? Alle »Zukünfte« auf S. 38.*

Ask her **if** she needs any help.

***Imperative**? Befehle? Aufforderungen? Ich dachte, Englisch sei so indirekt. Neue Erkenntnisse auf S. 54.*

***If** – kleines Wort, viel Inhalt auf S. 50, 53.*

The new hospital **was opened** last year.

*Total »passiv« ist hier alles, **Passiv** siehe S. 47.*

What happened then?
Who told you?
Where does he live?

*Noch Fragen? Fürs perfekte Verhör alle **W-Fragen** auf S. 83.*

What **can** we do about it?
I **could** come tomorrow.
I **may** come – I**'m** not sure yet.
Take an umbrella, it **might** rain.
I **won't** be staying long but I**'ll** come.
I really **must** be going now.
You **ought** to see a doctor.
Do we **have to** book in advance?
Would you like a cup of tea?
They**'ve got** three children now.
I**'m not used to** such hot weather.
I **used to** live in Oxford.
It**'s** a lovely day, **isn't it**?

*Was macht die Briten so höflich? Natürlich, die kleinen **could**, **would**, **might** und wie sie alle heißen. Der vollständige Report über die **Hilfsverben** auf S. 9 – 13, 59 – 78.*

She's not **an** architect, she's **a** doctor.
He's **the** General Manager.

*Der, die, das – ein, einer, eine, eines: **Artikel** – aber nicht aus dem Warenhaus. Siehe S. 93 / 94.*

We've got **some** milk but we haven't got **any** sugar.

*Bejaht oder verneint? **Some** oder **any**? Antworten auf S. 99.*

My sister is taller than **me**.
The doctor **who** saw **me** was very helpful.

*All die kleinen Platzhalter, **Pronomen** genannt, siehe S. 107 – 110.*

I drive my **new** car much more **carefully**.

***Careful** – **carefully**: Da gab's doch einen Unterschied! **Adjektiv** und **Adverb** siehe S. 103, 104.*

The chemist **in** New Street is open **from** 8 am **to** 10 pm.

*Noch mehr kleine Wörtchen, **Präpositionen** siehe S. 116.*

They have no car **because** transport in London is good.

*Es kommt auf die »Verbindungen« an: **Konjunktionen** siehe S. 124.*

Formen des Verbs

Wir benutzen in diesem Buch folgende Ausdrücke:

1. Form	2. Form	3. Form	
ask	asked	asked	*regelmäßiges Verb*
give	gave	given	*unregelmäßiges Verb*

We'd like everyone to **give** something.
Give her some flowers.
Most people **give** presents at Christmas.

> *1. Form, siehe S. 14, 54, 87.*

My parents **gave** it to him.

> *2. Form, siehe S. 20.*

Have you **given** your name to the secretary?
They asked us but we **had** already **given** something.
I **have** been **given** a free ticket.

> *3. Form, siehe S. 30, 34.*

Giving is better than **taking**.
What **are** you **giving** her for her birthday?

> *-ing-Form, siehe S. 16, 22, 32, 86.*

Vollverben und Hilfsverben

Can I **help** you?
Are you **leaving**?
Where **do** you **come** from?

Es gibt zwei Arten von Verben:
***Can, are** (von **be**) und **do** sind
Hilfsverben, **help, leave, come** sind
Vollverben.*

Vollverben

He **left** London in 1985.
She **went** to Singapore in 1994.

*Vollverben beschreiben Vorgänge.
Sie haben üblicherweise vier verschiedene Formen:* **leave, leaves,
left, leaving.**
*Einige unregelmäßige Verben
können fünf verschiedene Formen
haben:* **go, goes, went, gone, going.**

*Die meisten Verben sind Vollver-
ben. Wie die Formen gebildet und
benutzt werden, siehe S. 14 – 49.*

Hilfsverben zum Bilden anderer Verbformen

They**'re looking** for a new flat.
Was he **watching** us?
I**'ve** never **eaten** passion fruit
   before.
We **hadn't taken** a map, so we
   got lost.
I **don't understand**.
Did you **come** by plane?

*Die Hilfsverben **be, have** und **do**
werden benutzt, um Formen von
Vollverben zu bilden.
Zu den Formen von **be (am, is, are,
was, were, been, being)** siehe S. 59.
Do (do, does, did, done, doing) und
have (have, has, had, having) sind
manchmal Vollverb, manchmal
Hilfsverb. Dazu und zu den Formen siehe S. 63 und S. 61.*

Modale Hilfsverben

Could I have your car this afternoon? – *Könnte ich dein Auto heute Nachmittag haben?*
You **must** see this film. – *Du musst dir diesen Film ansehen.*

can could may might will would shall should must ought to

Diese Verben werden nur als Hilfsverben benutzt.

I **can't** tell you – it's a secret.
Nobody **could** tell me your phone number.
It **may** rain later.
We **might** go to Spain for our holidays this year.
When **will** we get to London?
What **would** you like for your birthday?
Shall I put the light on?
I think we **should** buy her a small present.
I **must** be going soon.

Die sogenannten »modalen« Hilfsverben können ausdrücken, dass man etwas »kann«, »konnte«, »könnte«, »darf«, »mag«, »wird«, »würde«, »soll«, »sollte«, »muss«, »musste« oder »müsste«.

Benutzung von Hilfsverben

He could drive.
He drives.

He **couldn't** drive.
He **doesn't** drive.

zum Bilden der Verneinung:
*Am Ende des Hilfsverbs wird **n't** hinzugefügt. Steht dort kein Hilfs- verb, wird **do** benutzt.*

We should try to ring her.
He drives.

Should we **try** to ring her?
Does he **drive**?

*zum Bilden von Fragen: Die Reihenfolge Person – Hilfsverb wird ver- tauscht. Steht dort kein Hilfsverb, wird **do** be- nutzt.*

It's a lovely day.	It's a lovely day, **isn't** it.	
He drives.	He drives, **doesn't** he?	

zum Bilden von Frageanhängseln:
Das Hilfsverb wird wieder aufgenommen. Steht dort kein Hilfsverb, wird **do** benutzt.

Have you heard from Paul?	
– Yes, I **have**.	– No, I **haven't**.
Will Jill be there?	
– Yes, she **will**.	– No, she **won't**.
Do you know where it is?	
– Yes, I **do**.	– No, I **don't**.

zum Bilden von Kurzantworten:
Das Hilfsverb wird wieder aufgenommen. Steht dort kein Hilfsverb, wird **do** benutzt.

I've been there before.	– Oh, **have** you?
He was looking for you.	– Oh, **was** he?
She drives an old Fiat.	– Oh, **does** she?
We caught the early train.	– Oh, **did** you?

zum Signalisieren von Interesse:
Es wird das Hilfsverb aus dem vorangegangenen Satz benutzt. Steht dort kein Hilfsverb, wird **do** benutzt.

I've been waiting 10 minutes.
I **have** been waiting 10 minutes.
I can come tomorrow.
I **can** come tomorrow.
I know they way.
I **do** know the way.
I waited more than an hour.
I **did** wait more than an hour.

zum Betonen von Sachverhalten:
Das Hilfsverb wird betont. Steht dort kein Hilfsverb, wird **do** benutzt.

Hilfsverben: Lang- und Kurzformen

England **is** still a long way from Europe.
My hair**'s** really long again.

║ – *Langform*
║ – *Kurzform*

Wichtige Lang- und Kurzformen:

be	
I **am** you **are** he **is**	I'**m** you'**re** he'**s**

I **am not**
you **are not**
 	
she **is not**
	I '**m not**
	you **aren't**
	   '**re not**
	she **isn't**
	   '**s not**

have	
she **has** we **have** they **had**	she'**s** we'**ve** they'**d**
he **has not** we **have not** they **had not**	he **hasn't** we **haven't** they **hadn't**

do	
I **do not** he **does not** we **did not**	I **don't** he **doesn't** we **didn't**

will	
I **will** I **will not**	I'**ll** I **won't**

would	
they **would** they **would not**	they'**d** they **wouldn't**

Beispiele: Langformen

I **am** planning to be in London next week.
I **am** sorry.

Are you going? – Yes, I **am**.

Langformen werden benutzt
– in der Schriftsprache
– wenn man in gesprochener Sprache etwas betont
– in Fragen und Kurzantworten

Beispiele: Kurzformen

I**'m** sorry.

Dear Bernie, I**'ve** wanted to write to you...

It**'s** raining. = It **is** raining.
She**'s** waiting. = She **is** waiting.

He**'s** remembered. = He **has** remembered.
Jack**'s** taken it. = Jack **has** taken it.

He**'d** already gone. = He **had** already gone.
Who**'d** told you. = Who **had** told you?

I**'d** like to go. = I **would** like to go.
They**'d** never believe you. = They **would**
   never believe you.

Kurzformen werden benutzt
– in der gesprochenen Sprache
– in Briefen an Freunde

*'s kann also is oder **has** bedeuten.*

*Ebenso kann 'd entweder **had** oder **would** bedeuten.*

13

Present Simple

I **come** from Jamaica. – *Ich komme aus Jamaica.*
John **like**s ice-cream. – *John mag gern Eis.*

Aussage

I / we / you they	like **don't like**
he / she / it	likes **doesn't like**

*Das Present Simple wird mit der 1. Form des Verbs gebildet. Nur bei **he/ she / it** oder entsprechenden Personen und Sachen (sogenannte 3. Person) wird ein -s angehängt. Verneinte Sätze werden durch Hinzufügen von **don't** bzw. **doesn't** gebildet. Daneben tritt die 1. Form. Sie wird nicht verändert.*

Frage

Do	I / we / you / they	like?
Does	he / she / it	

*Zur Bildung eines Frage- satzes tritt vor die Person **do** bzw. **does**. Die 1. Form bleibt unver- ändert.*

Kurzantwort

Yes,	I / we / you / they	do.
	he / she / it	does.
No,	I / we / you / they	**don't.**
	he / she / it	**doesn't.**

*Auf Fragen antwortet man normalerweise nicht nur mit »ja« oder »nein«, sondern in Sätzen. **Do** oder **does** wird in ihnen wieder aufgenommen und evtl. verneint.*

Beispiele

I usually **get up** about seven.

Does Tony **drive** to work?
– No, he **cycles**.

The football season usually **starts** in August.

Regelmäßig wiederkehrende Handlungen oder Ereignisse

I **like** tea but I **don't like** milk in it.
What **does** this sign **mean** please?
The River Danube **flows** through Vienna.

Tatsachen

Next Monday **is** a national holiday.
Classes **begin** next week.

Zukünftige Ereignisse sind schon bekannt oder sicher.

I **don't want** to go out this evening.
I'm sorry I **don't understand**.

Es werden Gedanken und Gefühle ausgedrückt.

→ *Zum Unterschied zwischen Present Simple und Present Continuous siehe S. 44.*

Present Continuous

Sh, I**'m listening**. – *Pst, ich höre gerade zu.*
She**'s talking** to him on the phone. – *Sie telefoniert gerade mit ihm.*

Aussage

I	'm **'m not**	
he she / it	's **'s not / isn't**	talking
we you / they	're **'re not / aren't**	

Das Present Continuous wird so gebildet:
*Man hängt an die 1. Form ein **-ing** und setzt davor die passende Form von **to be** (siehe S. 59).*
***'re not** ist häufiger als **aren't**.*

Frage

Am	I	
Is	he / she / it	talking?
Are	we / you / they	

Das Hilfsverb wird an den Satzanfang gestellt.

Kurzantwort

Yes,	I	am.
	he / she / it	is.
	we / you / they	are.
No,	I	**'m not**.
	he / she / it	**isn't**.
	we / you / they	**aren't**.

Das Hilfsverb der Frage wird wieder aufgenommen und eventuell verneint.

16

Beispiele

Look, Mary**'s getting** into that car.
I**'m not looking forward** to the interview.
Who**'s** Katy **talking** to?

Die Handlung läuft im Augenblick ab.

They**'re building** a block of flats over there.
We**'re looking for** a new house.
Excuse me, **is** anyone **sitting** here, please?
I**'m looking after** my friend's cat this week.

Die Aussage trifft nur momentan oder vorübergehend zu.

Karim**'s working** on night shift next week.
When **are they flying** to India?

Etwas ist für die Zukunft geplant.

Are you **coming** to the party on Saturday?
– No, I**'m not** as a matter of fact.

Test Yourself

1. Erkennen

Tragen Sie die Formen von Present Simple und Present Continuous ein, die Sie hier finden.

Interviewer:	I'm sure you get a lot of rain in the rainy season.
Mr Singh:	Well, we often have floods, but this year it's different. The farmers are waiting for rain.
Interviewer:	So they usually don't do any work during the rainy season.
Mr Singh:	Not much, usually, but again, everything is going differently this year, they are all watering the rice fields...
Interviewer:	So we wish you lots of rain. Thank you for the interview.

Present Simple	*Present Continuous*
I'm	
_____	_____
_____	_____
_____	_____

2. Kombinieren

Finden Sie die passende Antwort.

1 Do you like green tea?
2 Does Tony drive to work?
3 Are you coming to the party on Saturday?
4 Do they want to go out tonight?
5 Is Karim working all night?
6 Does the Clyde flow through Glasgow?

a Yes, it does.
b No, he doesn't.
c Yes, I do.
d Yes, they do.
e Yes, he is.
f No, I'm not.

3. Umformen

Schreiben Sie die verneinte oder bejahte Version dieser Sätze auf.

I want to go out this evening.

I don't want to go out this evening.
_____

The football season starts in August.

_____

Flight 105 stops at London Gatwick on its way to Dublin.

_____

The farmers do much work during the rainy season.

_____

I'm not looking forward to the interview.

_____

Katy's not talking to her brother, she's speaking to her boyfriend.

_____

Lösungen

3. – I don't want to go out this evening.
   – The football season doesn't start in August.
   – Flight 105 doesn't stop at London Gatwick on its way to Dublin.
   – The farmers don't do much work during the rainy season.
   – I'm looking forward to the interview.
   – Katy's talking to her brother, she's not speaking to her boyfriend.

2. Do you like green tea? – Yes, I do.
   Does Tony drive to work? – No, he doesn't.
   Are you coming to the party on Saturday? – No, I'm not.
   Do they want to go out tonight? – Yes, they do.
   Is Karim working all night? – Yes, he is.
   Does the Clyde flow through Glasgow? – Yes, it does.

1. Present Simple: 'm, get, have, 's, don't do, wish, thank
   Present Continuous: are waiting for, is going, are watering

Past Simple

I **booked** two hotel rooms last week. – *Letzte Woche habe ich zwei Hotel-*
zimmer gebucht.
John **came** to visit her in December. – *John kam sie im Dezember besuchen.*
She **told** me you **liked** spaghetti. – *Sie sagte mir, du magst Spaghetti.*

Aussage

I	walked
he / she / it	
we / you / they	**didn't walk**

So wird die Vergangenheitsform
Past Simple gebildet:
An die 1. Form wird ein -ed ange-
hängt. Dadurch erhält man die
2. Form.
Die Verneinung wird mit **didn't**
und der 1. Form gebildet.
Eine Liste mit »unregelmäßigen
Verben«, deren 2. Form nicht ein-
heitlich mit -ed gebildet wird,
finden Sie auf S. 24.

Frage

Did	I	walk?
	he / she / it	
	we / you / they	

Wie auch in anderen Zeiten wer-
den Fragen mit einem Hilfsverb
gebildet. **Did** *ist die Vergangen-*
heitsform von **do / does.**
Das Verb steht in der 1. Form.

Kurzantwort

Yes,	I	did.
	he / she / it	
	we / you / they	
No,	I	**didn't.**
	he / she / it	
	we / you / they	

In der Kurzantwort wird das **did**
der Frage noch einmal aufgenom-
men.

Beispiele

Stefan **wanted** to catch the early train but he **missed** it.
I **told** you it started at 7 o'clock. I **knew** it did.

Where **did** you **go** last night?
– We **went** to the pub for a drink.

Did you **lock** the door?
– Yes, I **did**, don't worry.

Mit dem Past Simple berichtet man über abgeschlossene Vorgänge. Man hat die Zeit des Geschehens vor seinem »geistigen Auge«.

They **told** me I **needed** new glasses.

Why **didn't** you **tell** him?
– He **said** he **knew** about it already.

Das Past Simple wird auch benutzt, um wiederzugeben, was jemand gesagt hat. Im Deutschen benutzen wir meist Formen wie »bräuchte«, »wüsste«, »könnte« oder die Gegenwart.

→ *Zum Unterschied zwischen Past Simple und Present Perfect siehe S. 46.*

Past Continuous

I **was sitting** there **waiting** for you. – *Ich habe die ganze Zeit da gesessen und auf dich gewartet.*
At that time I **was playing** tennis. – *Zu diesem Zeitpunkt spielte ich gerade Tennis.*

Aussage

I he / she / it	was **wasn't**	waiting
we / you they	were **weren't**	

Das Past Continuous wird so gebildet: An das Verb wird -ing angehängt, davor tritt **was** *bzw.* **were**.

Frage

Was	I / he / she / it	waiting?
Were	we / you / they	

Für die Bildung der Frageform wird nur die Reihenfolge verändert: **Was** *oder* **were** *kommen an den Anfang.*

Kurzantwort

Yes,	I he / she / it	was.
	we / you / they	were.
No,	I he / she / it	**wasn't**.
	you / we / they	**weren't**.

Das **was** *oder* **were** *aus der Frage wird in der Antwort wiederholt.*

Beispiele

We **were working** all afternoon yesterday.

Die Dauer der Handlung wird betont.

I **was watching** the News when you rang.

What **were** you **doing** when you heard the crash?
– I **was getting** dressed.

Tätigkeiten, die zu einem bestimmten Moment in der Vergangenheit im Gange waren

We got married while we **were living** in New York.

Were they **waiting** when you got here?
– No, they **weren't**.

Oft steht die längere Handlung im Past Continuous, die kürzere im Past Simple.

Unregelmäßige Verben

erste Form	zweite Form	dritte Form
be	was, were	been
beat	beat	beaten
become	became	become
begin	began	begun
bend	bent	bent
bite	bit	bitten
blow	blew	blown
break	broke	broken
bring	brought	brought
build	built	built
buy	bought	bought
catch	caught	caught
choose	chose	chosen
come	came	come
cost	cost	cost
cut	cut	cut
do	did	done
draw	drew	drawn
drink	drank	drunk
drive	drove	driven
eat	ate	eaten
fall	fell	fallen
feed	fed	fed
feel	felt	felt
fight	fought	fought
find	found	found
fly	flew	flown
forget	forgot	forgotten
forgive	forgave	forgiven
freeze	froze	frozen
get	got	got
give	gave	given
go	went	gone
grow	grew	grown

have	had	had
hear	heard	heard
hide	hid	hidden
hit	hit	hit
hold	held	held
hurt	hurt	hurt
keep	kept	kept
know	knew	known
lend	lent	lent
leave	left	left
let	let	let
light	lit	lit
lose	lost	lost
make	made	made
mean	meant	meant
meet	met	met
pay	paid	paid
put	put	put
ride	rode	ridden
read	read	read
ring	rang	rung
run	ran	run
say	said	said
see	saw	seen
sell	sold	sold
send	sent	sent
set	set	set
shake	shook	shaken
shine	shone	shone
shoot	shot	shot
show	showed	shown
shrink	shrank	shrunk
shut	shut	shut
sing	sang	sung
sit	sat	sat
sleep	slept	slept
speak	spoke	spoken
spend	spent	spent
split	split	split
spoil	spoilt	spoilt

stand	stood	stood
steal	stole	stolen
stick	stuck	stuck
take	took	taken
teach	taught	taught
tear	tore	torn
tell	told	told
think	thought	thought
throw	threw	thrown
understand	understood	understood
wake	woke	woken
wear	wore	worn
win	won	won
write	wrote	written

Einige Verben haben zwei Schreibweisen:

burn	burned / burnt	burned / burnt
smell	smelled / smelt	smelled / smelt

Diese zwei Schreibweisen sind möglich bei:

burn   dream   smell   spell   learn   spill

Hier zum leichteren Lernen die gleichen Formen in Gruppen:

Alle drei Formen gleich:

cost	cost	cost
cut	cut	cut
hit	hit	hit
hurt	hurt	hurt
let	let	let
put	put	put
set	set	set
shut	shut	shut
split	split	split

Ähnlich klingende Gruppen:

beat	beat	beaten
bite	bit	bitten
eat	ate	eaten
fall	fell	fallen
forget	forgot	forgotten
forgive	forgave	forgiven
give	gave	given
hide	hid	hidden
shake	shook	shaken
take	took	taken
tear	tore	torn
wear	wore	worn

blow	blew	blown
fly	flew	flown
grow	grew	grown
know	knew	known
throw	threw	thrown
draw	drew	drawn

begin	began	begun
drink	drank	drunk
ring	rang	rung
sing	sang	sung
shrink	shrank	shrunk

freeze	froze	frozen
speak	spoke	spoken
steal	stole	stolen
break	broke	broken
wake	woke	woken
choose	chose	chosen
drive	drove	driven
write	wrote	written
ride	rode	ridden

Zweite und dritte Form gleich:

bend	bent	bent
build	built	built
feel	felt	felt
keep	kept	kept
leave	left	left
light	lit	lit
lend	lent	lent
mean	meant	meant
meet	met	met
send	sent	sent
shoot	shot	shot
sleep	slept	slept
spend	spent	spent
spoil	spoilt	spoilt
get	got	got
lose	lost	lost
sit	sat	sat
bring	brought	brought
buy	bought	bought
fight	fought	fought
think	thought	thought
catch	caught	caught
teach	taught	taught
feed	fed	fed
find	found	found
have	had	had
hear	heard	heard
hold	held	held
make	made	made
pay	paid	paid
read	read	read
say	said	said
sell	sold	sold
stand	stood	stood

understand	understood	understood
tell	told	told
stick	stuck	stuck
win	won	won
shine	shone	shone

Erste und dritte Form gleich:

become	became	become
come	came	come
run	ran	run

Alle drei Formen unterschiedlich:

be	was	been
do	did	done
go	went	gone
see	saw	seen
show	showed	shown

Present Perfect

The match **has** just **started**. – *Das Spiel hat gerade angefangen.*
What **have** you **done** to your hair! – *Was hast du nur mit deinen Haaren gemacht!*

Aussage

I / we you / they	have ('ve) **haven't**	gone
he / she it	has ('s) **hasn't**	

Das Present Perfect wird so gebildet:
*Zu **have** oder **has** tritt die dritte Form des Verbs. Bei regelmäßigen Formen wird sie durch Anhängen von **-ed** gebildet. Die unregelmäßigen Formen finden sich in der Tabelle auf S. 24.*

Frage

Have	I we / you / they	gone?
Has	he / she / it	

*Es wird nur die Reihenfolge verändert: **Have/has** steht am Anfang.*

Kurzantwort

Yes,	I / we / you / they	have.
	he / she / it	has.
No,	I / we / you / they	**haven't**.
	he / she / it	**hasn't**.

*Das **have** oder **has** aus der Frage wird noch einmal aufgenommen.*

Beispiele

He **has played** 125 matches this season.
We **haven't seen** Tom for a long time.
I**'ve** never **heard** that before.

Has Paula **taken** her driving test yet?
– No, she **hasn't**.

*Der Zeitraum oder die Tätigkeit sind <u>nicht abgeschlossen</u> (**this season, for a long time, never**) oder der Zeitpunkt interessiert im Moment nicht. Wichtig ist im Augenblick, <u>ob</u> Paula den Test bestanden hat, <u>nicht wann</u>.*

Have you ever **been** to the Tower of London?
– Yes, but I **haven't been** there for twenty years!

*Hier sind Zeitraum oder Zeitpunkt <u>unbestimmt</u>. Deshalb wird das Wort **ever** (jemals, schon einmal) häufig bei Fragen im Present Perfect benutzt.*

John **has come** back, I**'ve** already **seen** him.
I <u>**met**</u> him yesterday.

*Sobald der Zeitpunkt in der Vergangenheit interessant wird (**yesterday, last week**), steht das **Past Simple**, nicht das **Present Perfect**.*

→ *Zum Unterschied zwischen Present Perfect und Past Simple siehe S. 46.*

Present Perfect Continuous

She**'s been learning** English for years. – *Sie <u>lernt</u> schon jahrelang Englisch.*

Aussage

I / we you / they	have **haven't**	been waiting
he / she it	has **hasn't**	

Die Verlaufsform des Present Perfect wird so gebildet:
*Zu **have been** oder **has been** tritt die 1. Form mit angehängtem **-ing**.*

Frage

Have	I / we you / they	been waiting?
Has	he / she it	

*Zur Bildung der Frageform tritt **have** oder **has** an den Anfang des Satzes.*

Kurzantwort

Yes,	I / we you / they	have.
	he / she / it	has.
No,	I / we you / they	**haven't**.
	he / she / it	**hasn't**.

*In den Kurzantworten wird **have** oder **has** noch einmal aufgenommen.*

Beispiele

Have you **been waiting** long?
How long **have you been learning**
  English?
I'**ve been thinking** of your children.
Carmen **hasn't been feeling** too
  well this week.

Why **are** you **crying**?
– I'**ve been chopping** onions.

You don't look surprised.
– I'm not. I'**ve been expecting** this
  to happen.

Sprecher oder Sprecherin betonen die Dauer einer Handlung (bis zur Gegenwart). In solchen Sätzen steht im Deutschen oft die Gegenwart und das Wort »schon«, z.B.: »Wie lange wartest du schon?«

John **had** already **arrived** when I got to the station. –
John war schon angekommen, als ich zum Bahnhof kam.

I **had written** the letter before you phoned. –
Ich hatte den Brief geschrieben, bevor du anriefst.

Aussage

I / you he / she / it we / they	had ('d) **hadn't**	written

*Neben **had** tritt die 3. Form. Ist diese regelmäßig, wird **-ed** an die Grundform angehängt. Unregelmäßige Formen können in der Tabelle auf S. 24 nachgesehen werden.*

Frage

Had	I / you he / she / it we / they	written?

*Bei der Frageform rückt **had** an den Anfang des Satzes.*

Kurzantwort

Yes,	I / you he / she / it we / they	had.
No,	I / you he / she / it we / they	**hadn't**.

*Das **had** aus der Frage wird noch einmal aufgenommen.*

Beispiele

He got the job because he**'d worked** in Europe.

I **hadn't met** him until the meeting last week.

She**'d** never **seen** snow until she came to England.

We**'d finished** by twelve o'clock.

*Das Past Perfect drückt aus, dass der eine Vorgang oder Zustand weiter in der Vergangenheit zurückliegt als der andere. **He'd worked in Europe** liegt also zeitlich vor **he got the job**.*

Test Yourself

1. Erkennen

Tragen Sie die Formen des Past Simple, Past Continuous und des Present Perfect ein, die Sie im Text finden.

Dear Mike and Jenny,

"We have wanted to go to America for years. This year is the time!" we said. So we went. The camper was waiting for us at L.A. airport, we picked up the key and drove off. The desert stretched out for miles and nobody was coming the other way. Have you been to a desert yet? It was a real experience for us.

Have your plans for Canada worked out? We've heard a lot about it here. We met two Swiss girls in San Diego, they were coming from the North. See you soon,

Trevor and Joyce

Past Simple:

_____

Past Continuous:

_____

Present Perfect:

have wanted, _____

2. Erinnern

Setzen Sie die fehlenden Formen ein.

1. Form	2. (Past Simple)	3. Form
give		
	walked	
		done

36

1. Form	2. Form (Past Simple)	3. Form
start	_____	_____
_____	took	_____
_____	_____	gone
ask	_____	_____
say	_____	_____
_____	told	_____
study	_____	_____
know	_____	known
_____	saw	_____

3. Einsetzen

Past Simple oder Present Perfect? Setzen Sie die richtigen Formen ein.

We ___*came*___ back at about 1 o'clock last night. (come)

Where is David? It's 10 o'clock and I _____ not _____ him this morning. (see)

We _____ to London before. (be)

I _____ school in 1980. (finish)

Ladies and Gentlemen, we _____ just _____ at Heathrow airport. (to land)

She _____ working for the company a year ago. (start)

Lösungen

37

Zukunft

We**'re going to leave** at 7 o'clock.   *Zukunft mit **going to***
We**'ll leave** at 7 o'clock.   *Zukunft mit **will***
We**'re leaving** at 7 o'clock.   *Zukunft mit **Present Continuous***
We **leave** at 7 o'clock.   *Zukunft mit **Present Simple***

Die Zukunft kann auf mehrere Arten ausgedrückt werden. Alle vier Sätze sind korrekt. Sie schildern die gleichen Tatsachen. Der Unterschied: Die Sprechenden sehen unterschiedliche Gründe, warum das Ereignis statt-finden wird.
Im Deutschen wird die Zukunft oft auch einfach mit der Gegenwart aus-gedrückt: Ich fahre morgen in Urlaub.

Zukunft mit going to

I'm **going to give up** smoking. – *Ich werde mit dem Rauchen aufhören.*

Aussage

I	'm **'m not**	
we you they	're **'re not** **(aren't)**	going to leave
he she it	**'s not** **(isn't)**	

*Zu der jeweiligen Form von **to be** (**am, are, is**) tritt **going to** und die 1. Form des Verbs.*

38

Frage

Am	I	
Are	we / you they	going to leave?
Is	he / she it	

In der Frageform wandern **am**, **are** *oder* **is** *an den Anfang des Satzes.*

Kurzantwort

	I	am.
Yes,	he / she it	is.
	we / you they	are.
	I	**'m not.**
No,	we / you they	**'re not. (aren't).**
	he / she it	**'s not. (isn't).**

Am, **are** *oder* **is** *werden in den Antworten wieder aufgenommen.*

Beispiele

Oh dear, I**'m going to sneeze**.
Look at those clouds – it**'s going to rain**.

Es gibt im Augenblick Anzeichen für das, was passieren wird, z.B. ein Kitzeln in der Nase oder bedeckten Himmel.

She**'s going to change** her job.
What **are** you **going to do** this evening?
 – I**'m going to watch** the film on TV.

Es wurde schon ein Entschluss darüber gefasst, was passieren soll.

39

Zukunft mit will

I'll just **get** my jacket, I **won't be** long. – *Ich hole nur meine Jacke, es dauer nicht lang.*

Aussage

I / you he / she / it we / they	will ('ll) **won't**	stay

Will *wird vor die 1. Form gesetzt.*

Frage

Will	I / you he / she / it we / they	stay?

Will *tritt an den Anfang des Satzes.*

Kurzantwort

Yes,	I / you he / she / it we / they	will.
No,	I / you he / she / it we / they	**won't**.

In der Kurzantwort wird **will** *wieder aufgenommen.*

Beispiele

On the fast train they**'ll arrive** at 8 o'clock.
It looks as if it**'ll be** a nice weekend.
There **won't be** a Christmas party this year.

Man ist sicher, dass ein Ereignis eintreten wird.

I'm tired. I think I**'ll go** to bed.

Will Maria **be** back soon?
– No, she **won't be** back today,
  but she**'ll be** here all day tomorrow.

What **will** he **do**?

When **will** you **get** your results?
– I **won't know** before the end of August.

*Die Zukunft mit **will** drückt hier eine Meinung oder spontane Entscheidung über Zukünftiges im Moment des Sprechens aus. Es besteht also keine vorgefasste Absicht.*

Zukunft mit Present Continuous

I**'m playing** tennis on Saturday. – *Am Samstag spiele ich Tennis.*

Beispiele

What time **are** you **leaving** tomorrow?
– We**'re getting** the 6.50 train.
I**'m working** late every evening next week.
They**'re going** out this evening.

Das Present Continuous dient hier dazu, ein Vorhaben oder eine Vereinbarung zu äußern.

Zukunft mit Present Simple

The Cup Final **is** on May 17th this year. – *Das Pokalfinale ist dieses Jahr am 17. Mai.*

Beispiele

My birthday **is** on a Wednesday this year.
Christmas Day **falls** on a Sunday this year.
Ramadan **ends** in two weeks time.

Das Ereignis steht fest. Die Grundlage ist der Kalender oder ein offizieller Zeitplan. Man kann das Datum nachlesen.

Ein Wort zu den Regeln: Sie haben sich die verschiedenen Formen für die Zukunft angesehen. Verwirrend? Nun, Sie fahren gut damit, wenn Sie sich vor allem die <u>Beispiele</u> merken, sie sind wichtiger als die Regeln. Diese können Sie ohnehin nicht auswendig lernen und dann über Nacht anwenden. Aber eines versichern wir Ihnen: Je mehr »echtes« Englisch Sie hören und lesen, umso besser werden sie »in Zukunft« im Bilde sein. Gedulden Sie sich; auch wenn Ihnen hier Fehler unterlaufen, wird man Sie verstehen.

Test Yourself

1. Erkennen

Erkennen Sie die Form? Tragen Sie bei jedem Satz ein, welche der vier Zeiten gerade benutzt wird.

a) Zukunft mit Present Simple
b) Zukunft mit will
c) Zukunft mit going to
d) Zukunft mit Present Continuous

_____a_____   Easter Sunday is on April 7th.

_____   We're going to the match tomorrow.

_____   Sheila is going to give up smoking.

_____   The train leaves at 7.48.

_____   What are you going to do about your house?

_____   I hope you'll remember it.

2. Erklären

Erklären Sie mit a) – d), warum die Zukunft mit will oder mit going to steht.

a) Zukunft mit will, weil spontane Entscheidung
b) Zukunft mit will, weil Voraussage
c) Zukunft mit going to, weil vorgefasste Absicht
d) Zukunft mit going to, weil eindeutige Anzeichen

_____   We will get to Paris before 10 o'clock.

_____   The sky is blue. It's going to be hot today.

_____   They're going to buy better computers.

_____   Is that the phone? All right, I'll answer it.

_____   We're going to move out of town, it's certain now.

_____   Most of England will be dry and sunny tomorrow.

3. Einsetzen

*Setzen Sie die richtigen Zukunftsformen mit **going to** oder mit **will** ein.*

I think I _____ go to bed now.

I _____ stay with friends in New York.

I don't know what time the flight is. I _____ know next Friday.

Look at those clouds – it _____ snow.

Oh you're back from holiday? Then I _____ come and see you

some time.

It _____ be difficult for me to say no.

Lösungen

Present Continuous oder Present Simple?

Noch einmal: Erklärungen sind gut und schön, Beispiele nützen Ihnen hier aber mehr. Und die kommen ja nicht nur aus Büchern, sondern aus dem »echten« Leben. Haben Sie ein wenig Geduld. Wenn Sie etwas mehr »echtes« Englisch gehört oder gelesen haben, kommt das Verständnis von selbst.

Present Continuous

I usually drive to work, but I'm **walking** while the weather is so nice.

Es handelt sich um einen Zeitraum oder begrenzten Zeitraum.

Present Simple

Das Present Simple wird dagegen benutzt, wenn der Zeitraum der Handlung für die Sprechenden nicht begrenzt ist. Es kann sich handeln um ...

The journey **takes** about three hours.

eine allgemeine Aussage

Water **boils** at 100° C.

etwas, das immer gilt

Where do you **come** from?

einen unbegrenzten Zeitraum

I **promise** I won't tell anyone.

einen Zeitpunkt

Manchmal sind beide Zeiten möglich, sie geben den Sätzen aber unterschiedliche Bedeutungen.

I **work** in a hospital.

I'm **working** in a hospital.

regelmäßige Beschäftigung; ich möchte nicht wechseln

⋈

vorübergehende Beschäftigung; ich werde demnächst wechseln

Where **do** you **live**?

Where **are** you **living**?

Where **do** you **go** for your holidays?

Where **are** you **going** for your holidays?

I**'m not feeling** very well.
I **don't feel** very well.

Frage nach dem ständi-gen Wohnsitz

▷◁

Frage an einen Besucher nach dem vorübergehen-den Aufenthaltsort

normalerweise, im Allgemeinen

▷◁

in diesem Jahr, im speziellen Fall

Manchmal ist der Unter-schied so gering, dass man beide Formen gleichermaßen verwen-den kann.

Past Simple oder Present Perfect?

Man kann über die Vergangenheit auf zwei Arten reden:

Past Simple: Etwas ist »damals« passiert. Es interessiert die Tatsache, _dass_ eine Handlung _abgeschlossen_ ist oder _wann_ dies geschah.

Present Perfect: Etwas passierte »irgendwann« oder »bis jetzt«. Die Tatsache, _wann_ es geschah, interessiert _nicht_. Handlung und Zustand sind manchmal _nicht abgeschlossen_.

I first **met** John three years ago.

I**'ve known** John for three years.

> Man denkt an Situation und Zeitpunkt des ersten Treffens.

> Man betont die Dauer der Bekanntschaft und die Tatsache, dass diese noch nicht beendet ist.

Die beiden Beispiele schildern ähnliche Tatsachen. Beide Sätze sind korrekt. Den Sprechenden kommt es aber auf unterschiedliche Gesichtspunkte an.

I **haven't seen** David this morning.

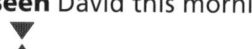

I **didn't see** David this morning.

I **haven't seen** David yet.

> nicht abgeschlossen, denn es ist noch Morgen
> ▷◁ abgeschlossen, denn es ist nicht mehr Morgen
> ▷◁ noch nicht, bis jetzt, also nicht abgeschlossen

Yes, I **lived** there when I was a child.

Yes, I**'ve lived** there actually.

> Ich denke an die Zeit, als ich dort gelebt habe.
> ▷◁ Ich will mitteilen, dass ich dort gelebt habe. Wann dies war, interessiert in diesem Moment nicht.

 Im Deutschen benutzen wir »lebte«/»habe gelebt« oder »war«/»bin gewesen« häufig ohne Bedeutungsunterschied.

46

Passiv

The house **was built** in 1910. – *Das Haus wurde 1910 erbaut.*
The order **will be sent** by express delivery. – *Die Bestellung wird per Express versandt (werden).*

Present Simple

Aussage

I	am ('m) **'m not**	asked
he / she it	is ('s) **isn't**	
we / you they	are ('re) **aren't**	

*Zu der passenden Present Simple-Form von **to be** tritt die 3. Form des Verbs.*

Frage

Am	I	asked?
Is	he / she it	
Are	we / you they	

*Die Hilfsverben **am**, **is**, **are** werden an den Satzanfang gestellt.*

Past Simple

Aussage

I / he she / it	was **wasn't**	asked
we / you they	were **weren't**	

*Sie verwenden die passende Past Simple-Form von **to be** und die 3. Form des Verbs.*

Frage

Was	I / he she / it	asked?
Were	we / you they	

*Die Hilfsverben **was/were** werden an den Satzanfang gestellt.*

Present Perfect

Aussage

I / you we / they	have **haven't**	been asked
he / she it	has **hasn't**	

*Das Passiv des Present Perfect wird aus der entsprechenden Form von **to be** und der 3. Form des Verbs gebildet.*

Frage

Have	I / you we / they	been asked?
Has	he / she / it	

***Have/has** tritt an den Satzanfang, **been** bleibt beim Verb.*

Kurzantworten

Were they **made** in India?
– Yes, they **were**.

Have you **been offered** the job?
– No, I **haven't**.

*Auf Passivfragen antwortet man mit Kurzantworten wie in den Zeitformen des Aktivs (vgl. S. 14 ff). Das jeweilige Hilfsverb (hier **were**, **have**) wird also wieder aufgenommen.*

Beispiele

It **was opened** by the Queen last year.
They **had been damaged** by water.
Have you **been invited** to the wedding?
Your order **will be sent** by express delivery.

*Das Passiv gibt es in allen Zeitformen. Es wird meist in Zeitungen, Büchern oder Anleitungen, also in der Schriftsprache verwendet. Passivsätze geben Auskünfte auf spezielle Art und Weise. Wird der Verursacher genannt, benutzt man **by**.*

A thief stole my car.

*In <u>Aktivsätzen</u> erfahren Sie oft aus der Stellung der Wörter, wer etwas getan hat (**a thief**), und danach, was er/sie getan hat (**stole my car**).*

My car **was stolen**.
The thief **was seen** by a policeman.

*Bei <u>Passivsätzen</u> ist es anders: Sie erfahren nicht immer, wer etwas getan hat. Der Satz handelt aber trotzdem von den Wörtern, die am Anfang stehen (**My car, The thief**). Der Rest des Passivsatzes liefert dann Informationen über diese.*

Das Passiv wird oft benutzt ...
– wenn wir nicht wissen, wer etwas getan hat.

The parcel **was sent** over a week ago.

He **was killed** in a storm.

– wenn unwichtig ist, wer etwas getan hat.

Coca Cola **is drunk** all over the world.

– in ganz allgemeinen Aussagen

Shakespeare wrote Macbeth in 1606.

Hier geht es um Shakespeare.

"Macbeth" **was written** in 1606.

Hier geht es um »Macbeth«.

Bedingungssätze

If I go to bed late, I can't get up in the morning. – *Wenn ich spät ins Bett gehe (= Bedingung), kann ich morgens nicht aufstehen (= Folge).*
I can't get up in the morning **if** I go to bed late. – *Ich kann morgens nicht aufstehen (= Folge), wenn ich spät ins Bett gehe (= Bedingung).*

If she worked harder, she'd pass. – *Wenn sie mehr arbeiten würde (= Bedingung), würde sie die Prüfung bestehen (= Folge).*
She'd pass **if** she worked harder. – *Sie würde die Prüfung bestehen (= Folge), wenn sie mehr arbeiten würde (= Bedingung).*

*In **if**-Sätzen ist die Rede von Bedingungen (Nebensatz, immer eingeleitet durch **if** = falls, wenn) und was aus ihnen folgt (Hauptsatz). Ohne Bedeutungsveränderung kann der **if**-Satz vor oder hinter dem Hauptsatz stehen. Auf diesen zwei Seiten finden Sie die häufigsten Arten von **if**-Sätzen.*

---

1. Allgemeingültige Bedingung

Present Simple		Present Simple
He **gets** angry		you **argue** with him.
How long **does** the milk keep	**if**	you **haven't** got a fridge?

»Er wird wütend, wenn man ihm widerspricht.« → *Man macht keine Aussage darüber, für wie wahrscheinlich man den Sachverhalt im **if**-Satz hält.*

---

2. Wahrscheinliche Bedingung

Zukunft mit **will**		Present Simple
The doctor**'ll** see you		you **come** at nine.
I**'ll** ask Ali		I **see** him.
We**'ll** miss the bus	**if**	we **don't** hurry.
They **won't** come		the weather**'s** bad.

»Der Arzt wird Sie untersuchen, wenn Sie um neun kommen.« → *Der Sachverhalt im **if**-Satz tritt eher wahrscheinlich ein.*

3. Weniger wahrscheinliche Bedingung

would + 1. Form   Past Simple

She**'d** pass   she **worked** harder.
He **wouldn't** be happy   **if**   he **lived** with Sheila.

> »*Sie würde die Prüfung bestehen, wenn sie mehr arbeiten würde.*«
> → *Man sieht es als eher unwahrscheinlich an, dass der Sachverhalt im if-Satz eintritt.*

---

4. Unerfüllbare Bedingung

would have + 3. Form   Past Perfect

I**'d have told** you   I **had known** myself.
We**'d have been** there on time **if**   we**'d caught** the earlier bus.

> »*Ich hätte es dir erzählt, wenn ich selbst es gewusst hätte.*« → *Die Bedingung im if-Satz ist unerfüllbar, da das Ereignis in der Vergangenheit bereits anders eingetreten ist.*

Bedingungssätze mit "unless"

We'll go, **unless** it rains.
Unless I pass, I can't go to college.

> *Mit **unless** können Sie verneinte Bedingungen (»wenn nicht«) ausdrücken. Im Deutschen benutzen wir dann oft die Wendung »es sei denn ...«.*

if-Sätze für Ratschläge

Stay in bed tomorrow
  if you **don't** feel better.
Get the early train
  if you **want** to get there in time.

> *Befehlsform (1. Form) im Hauptsatz, Present Simple im if-Satz*

if-Sätze mit Hilfsverben

Can I see the manager if I come
  back later?
May I leave if I finish the job
  before five o'clock?
You **ought** to go to the doctor if
  it doesn't get better soon.

> *In Bedingungssätzen kann im Hauptsatz ein modales Hilfsverb stehen (vgl. S. 10).*

51

Indirekte Rede

He **says** he **can't come** to the party. – *Er sagt, er kann nicht zur Party kommen.*
John **told** me he **had** a flu. – *John sagte mir, er hätte Grippe.*

Gegenwart

"The queen **is arriving**."
– Hurry up! John **says** she**'s arriving**!

Jemand sagt etwas. Dieses wird fast gleichzeitig und in derselben Zeitform wiedergegeben.

Vergangenheit

"I**'ll call** on my way home."
– He **said** he**'d call** on his way home.

*Wird eine deutlich zurückliegende Äußerung wiedergegeben, steht das einleitende Verb (**said**) im Past Simple:*
*Aus **will** oder **'ll** wird dann → **would** oder **'d**.*

"I **like** Mozart."
– She **said** she **liked** Mozart.

aus Present Simple
→ Past Simple

"I**'m leaving** tomorrow."
– He **said** he **was leaving** the following day.

aus Present Continuous
→ Past Continuous

"The weather **was** very good."
– They **said** that the weather **had been** very good.

aus Past Simple
→ Past Perfect

"Our cat **has been** run over."
– He **said** that their cat **had been** run over.

aus Present Perfect
→ Past Perfect

Indirekte Fragesätze

"**Are** you ill?"
– She **asked** if I **was** ill.

Present Simple
→ Past Simple mit **if**

"When **are** you **leaving**?"
– She **asked** when we **were leaving**.

Present Continuous
→ Past Continuous

"Where **did** you **go**?"
– She **asked** where we **had gone**.

Past Simple
→ Past Perfect

Indirekte Rede mit „tell"

"**Come** early!"
– He **told** me **to come** early.

*Ein Befehl, eine Anord-
nung oder Aufforderung
wird wiedergegeben.
Dazu wird das Past
Simple von* **tell** *benutzt,
darauf folgt* **to** *mit der
1. Form des Verbs.*

Die Zeitenverschiebung

*Es gibt keine Regel, die in jeder Situation gültig ist. Der Gebrauch der
Zeiten hängt vom Sinn des Satzes ab. Trotzdem hier eine grobe Faustregel,
wenn Sie berichten wollen, was jemand in der Vergangenheit gesagt hat:*

Direkte Rede		Indirekte Rede
Present Simple	→	Past Simple
Present Continuous	→	Past Continuous
Present Perfect	→	Past Perfect
Past Simple	→	Past Perfect
Past Continuous	→	Past Perfect Continuous
will oder 'll	→	*would oder* 'd

Jane **told** me she **was** too tired to come. – *Jane sagte mir, sie sei zu müde,
um zu kommen.*
Im Deutschen benutzen wir in der indirekten Rede oft Formen wie »habe«,
»hätte«, »könne«, »könnte«, »würde«, »solle«, »sollte«, »käme« *usw.
Das Englische kennt hier solche Formen nicht (außer bei* **will** → **would**).

Befehlsform

 Come in! **Don't wait** outside! – *Komm rein! Warte doch nicht draußen!*

Beispiele

Mix the flour and the sugar.
Take two tablets every four hours.
Take the second turning on the left.

Für die Befehlsform gibt es im Englischen keine eigene Form, die man lernen müsste.
Sie wird benutzt bei folgenden Gelegenheiten:
(Gebrauchs-) Anweisungen

Come in, **have** some tea with us.

Einladungen

Open your books, turn to page 5.
Hurry up! It's twenty past seven!
Don't forget to post that letter!

Aufforderungen

Push.
Don't smoke.
Insert 2 x 50p.
Keep off the grass.

Hinweis- und Verbotsschildern

Let's go now or we'll be late.
Let's take the car.
Let's not tell Jenny, she'll only worry.
Don't let's tell Jenny, she'll only worry.

*Bei Aufforderungen oder Vorschlägen, etwas zusammen zu tun, kann man auch **let's** benutzen. Von **let's** existieren zwei Verneinungen: **let's not** und **don't let's**.*

Test Yourself

1. Erkennen

Listen Sie Passiv- und Aktivformen auf.

We have had some stormy weather recently.
72 people were injured in last week's hurricane 'Nancy'.
The bus was waiting for the group to arrive.
The tickets had been booked through a local agency.
He had worked in America for a long time.
We were told yesterday that John would come today.

Aktivformen:

have had

_____

_____

Passivformen:

_____

_____

_____

2. Umformen

Wandeln Sie diese Passiv- in Aktivsätze und die Aktivsätze in Passivsätze um. Lassen Sie Überflüssiges dabei weg.

They invited Oliver to the party.
Oliver was invited to the party.

People drink Coca Cola all over the world.
Coca Cola

A policeman saw the thief.
The thief

They informed everybody that the flight would go the following day.

Everybody _____

_____

"Dallas" was watched by 1 billion people all over the world.

1 billion people _____

_____

John had been informed about the accident by the police.

The police _____

3. Umformen

Berichten Sie in indirekter Rede, was gesagt wurde.

"We want to watch a top baseball match."

They said they wanted to watch a top baseball match. _____

Sue: "I'm going on a course for a week in January."

Sue said _____

_____

Doctor: "He will be all right in a few days time."

The doctor said _____

_____

Harriet:"Steve phoned in the afternoon about the party at the weekend."

Harriet said _____

_____

4. Einsetzen

*Verwenden Sie die richtigen Zeitformen von **be**, **have**, **do** oder **make**.*

Excuse me, how _____ I get to the station, please?

How _____ you this morning, Vivian?

What _____ you do last weekend?

Are you _____ anything special tonight?

Last year I _____ my mother a Chinese meal for her birthday.

I _____ steak and chips last night and I'm still full now.

5. Verbinden

*Setzen Sie in jedem Satz ein **if** an die richtige Stelle.*

_____ we left before five _____ we would be there around 7.

_____ you want to turn the machine off _____ you press this button.

_____ you come to Scotland _____ we'll take you to a whisky distillery.

_____ we'd all be happier _____ you stopped smoking.

_____ you had come earlier _____ you would have met Kate and Dave.

6. Kombinieren

*Verbinden Sie die geeigneten Paare zu vollständigen **if**-Sätzen.*

If you're interested in antiques
If you had asked us
If you go to San Francisco
If they went via Birmingham
If they leave early
If you asked us to be there

we would have waited for you at the airport.
I'll let you know about the London markets.
they would arrive in Dublin around lunchtime.
they'll be there before 10 in the evening.
you can go and see my friend Mike.
we would come of course.

Lösungen

1. Aktivformen: have had, was waiting, to arrive, had worked, would come

Passivformen: were injured, had been booked, were told

2. Oliver was invited to the party.
Coca Cola is drunk all over the world.
The thief was seen by a policeman.
Everybody was informed that the flight would go the following day.
1 billion people all over the world watched „Dallas".
The police had informed John about the accident.

3. They said they wanted to watch a top baseball match.
Sue said she would be going on a course for a week in January.
The doctor said he would be all right in a few days time.
Harriet said Steve had phoned in the afternoon about the party at the weekend.

4. do, are, did, doing, made, had

5. If we left before five we would be there around 7.
If you want to turn the machine off you press this button.
If you come to Scotland we'll take you to a whisky distillery.
We'd all be happier if you stopped smoking.
If you had come earlier you would have met Kate and Dave.

6. If you're interested in antiques I'll let you know about the London markets.
If you had asked us we would have waited for you at the airport.
If you go to San Francisco you can go and see my friend Mike.
If they went via Birmingham they would arrive in Dublin around lunchtime.
If they leave early they'll be there before 10 in the evening.
If you asked us to be there we would come of course.

58

be

Present Simple

I	am ('m) **am not ('m not)**
you / we they	are ('re) **are not** **(aren't / 're not)**
he / she it	is ('s) **is not (isn't)**

Past Simple

I / he / she / it	was **wasn't**
you / we / they	were **weren't**

Frage

Am	I?
Are	you / we / they?
Is	he / she / it?

Frage

Was	I? he / she / it?
Were	you / we / they?

Kurzantwort

	I	am.
Yes,	he / she / it	is.
	you / we / they	are.
	I	**'m not.**
No,	he / she / it	**isn't.**
	you / we / they	**aren't.**

Kurzantwort

	I	was.
Yes,	he / she / it	
	you / we / they	were.
	I	**wasn't.**
No,	he / she / it	
	you / we / they	**weren't.**

Beispiele für „be" als Vollverb

John **is** four now.
Omar **was** a builder in Iran.

*Hier ist **be** ein Vollverb.*

Beispiele für „be" als Hilfsverb

Are you **coming** with us?
He **was doing** 75 when the police
stopped him.
Have you **been waiting** long?

*Hier ist **be** ein Hilfsverb.*
*Mit **be** wird die Verlaufs-*
form gebildet.
Zum Unterschied Voll-
verb – Hilfsverb siehe
S. 9, zur Verlaufsform
siehe S. 16, 22, 32.

The bridge **was opened** by the
Queen last year.
My car **has been stolen**.

*Hier ist **be** ein Hilfsverb.*
*Mit **be** wird das Passiv*
gebildet.
Zum Passiv siehe S. 47.

have

Present Simple

I / you / we / they	have ('ve) **haven't**
he / she / it	has **hasn't**

Past Simple

I / you / we / they he / she / it	had **hadn't**

Frage

Do	I / you / we they	
Does	he / she / it	have?

Frage

Did	I / you / we / they he / she / it	have?

Kurzantwort

Yes,	I / you / we / they	have.	
	he / she / it	has.	
No,	I / you / we they	**haven't.**	
	he / she / it	**hasn't.**	

Kurzantwort

Yes,	I / you / we / they he / she / it	had.
No,	I / you / we / they he / she / it	**hadn't.**

Beispiele für „have" als Vollverb

Did you **have** a good weekend?
Have a good trip!
Are you **having** trouble with that?

have im Sinne von »verbringen«, »erleben«

What **do** you usually **have** for
  breakfast?
Do you **have** lunch at work?
What **shall** we **have** for dinner?
Have you **had** something to drink?

have im Sinne von »essen«, »trinken«

I**'m going to have** a shower.
She**'s** just **had** a bath.

have a shower/bath im Sinne von »sich duschen«, »baden«

Beispiele für „have" als Hilfsverb

Have you **brought** your bike with
  you?
What a surprise! I **hadn't expected** that!

Mit have werden Present Perfect und Past Perfect gebildet, siehe Formen S. 30, 34.

He**'s got** a brandnew car.
They**'ve got** a beautiful cottage.

Have wird normalerweise nicht im Sinne von »besitzen« benutzt. Dafür wird gewöhnlich have got verwendet. Have to siehe S. 72, have got to siehe S. 74, have got siehe S. 76.

do

Present Simple

I / you we / they	do **don't do**
he / she / it	does **doesn't do**

Past Simple

I / you we / they he / she / it	did **didn't do**

Frage

Do	I / you we / they	do?
Does	he / she / it	

Frage

Did	I / you we / they he / she / it	do?

Kurzantwort

Yes,	I / you we / they	do.
	he / she / it	does.
No,	I / you we / they	**don't**.
	he / she / it	**doesn't**.

Kurzantwort

Yes,	I / you we / they he / she / it	did.
No,	I / you we / they he / she / it	**didn't**.

Beispiele: do als Hilfsverb und Vollverb

Do you **do** your own cooking?
Who is going to **do** your washing?
Paul **did** his homework but Anne
  didn't **do** hers.
Did you **do** anything interesting at
  the weekend?

Did you **do** those letters?
– I'm afraid I haven't **done** them
  yet.

What do you **do**?
– I'm a nurse.

*__Do__ kann als Hilfsverb
und als Vollverb benutzt
werden.
Wo es hier fett gedruckt
ist, wird es als Vollverb
benutzt.
Am häufigsten wird __do__
als »Ersatz-Hilfsverb«
z.B. in Fragen, Vernei-
nungen oder Kurzant-
worten verwendet. Dann
wird es wie andere Hilfs-
verben auch behandelt.
Zur Unterscheidung
Hilfsverb – Vollverb
siehe S. 9.*

do und make

Beispiele: Ausdrücke mit do

Are you **doing anything special** this evening?
If you **do the washing up**, I'll **do the ironing**.
What **are** you **going to do** about it?
Have you **done your homework**?
I'll **do my best** to help you on Saturday.
If you**'re not doing anything**, could you help
  me?
I must **do some housework** this weekend!
He's ill, but the doctors can't **do anything** to
  help.

*Do wird normalerweise
benutzt, wenn es um
Tätigkeiten, Prozesse
oder Arbeiten geht.*

Beispiele: Ausdrücke mit make

I've **made something special** for dinner.
I think you've **made a mistake**.
Shh... Don't **make** so much **noise**.
She's **made** a lot of **money**.
We'd better **make arrangements** now.
Shall I **make** some **coffee**?
It's not always easy to **make friends**.
It's hard work, but we're **making progress**.

*Make wird normaler-
weise benutzt, wenn es
um ein Ergebnis oder
Produkt geht.*

Beachten Sie den Unterschied:

What do you do?

*Was machen Sie?
(Beruf)*

What are you doing?

*Was tun Sie gerade?
(Tätigkeit)*

What are you making?

*Was bauen/basteln Sie
da? Was wird das?
(Produkt)*

65

„Modale" Hilfsverben

David has long hair. → *Tatsache*

David **must** get his hair cut. → *Meinung*

Was kennzeichnet »modale« Hilfsverben?
- *Vollverben drücken Tatsachen aus.*
- *»Modale« Hilfsverben drücken aus, was jemand zum Zeitpunkt des Sprechens meint und denkt.*
- *»Modale« Hilfsverben beziehen sich auf Zeiten in der Vergangenheit oder Zukunft.*

Beispiele

I **could ride** a bike when I was five.

Damals war er/sie fünf Jahre alt.

I **could come** tomorrow.

Es ist von morgen, von Zukünftigem die Rede.

You **must speak** French, you learned it at school.
If you're going to live in France you **must learn** French.

Er/sie hat es in der Vergangenheit gelernt.
Er/sie wird in Zukunft in Frankreich leben.

must

Beispiele:

I **must** remember to post this letter.
You **must** be tired after such a long journey.

Must kann ausdrücken,
- *dass etwas notwendig ist.*
- *dass etwas als wahrscheinlich angenommen wird.*

I **mustn't** be late for the interview.
You **mustn't** take more than two of these pills.

Must not oder mustn't wird im Sinne von »nicht dürfen« benutzt. Eine Sache ist verboten oder nicht akzeptiert.

66

I **must** leave the office before 4 o'clock.	*Ich muss …*
I **mustn't** leave the office before 4 o'clock.	*Ich darf nicht … **Mustn't** ist also nicht die Verneinung von **must**. Zur Entsprechung von »nicht müssen, nicht brauchen« siehe S. 74.*

can/could

I **can** see you tomorrow. – *Ich <u>kann</u> dich morgen treffen.*
I **could** write when I was four. – *Ich <u>konnte</u> mit 4 Jahren schreiben.*
Could you give me a hand, please? – <u>*Könntest*</u> *du mir bitte helfen?*

> ***Can/could** wird im Englischen wie das deutsche »kann / konnte / könnte« verwendet. Verneinung von **can** ist **can't** oder **cannot**, von **could couldn't**.*

Beispiele

Can you speak Chinese?	*Fähigkeit*
Can I speak to Hilary?	*Bitte*
Can we give you a lift?	*Angebot*
Can I leave work early today please?	*Erlaubnis*
You **can't** be hungry. You've just had a big lunch.	*Unmöglichkeit*
Could I have six of those oranges please?	*Höfliche Bitte*
Gerda **could** read when she was four.	*Fähigkeit (Vergangenheit)*
We **couldn't** find anywhere to park.	*Fähigkeit / Möglichkeit (Vergangenheit)*
You **could** have left it on the bus.	*Möglichkeit (Vergangenheit, Gegenwart oder Zukunft)*
Is that Carol over there? – I'm not sure – it **could** be.	
Take a sweater. It **could** turn cold later.	

may

You **may** have left it in the car. – *Vielleicht hast du es im Wagen gelassen.*
May I borrow your dictionary for a moment, please? –
Darf ich dein Wörterbuch für einen Moment ausleihen?

Beispiele

You **may** have dropped it in the supermarket. I'd take a coat – it **may** turn cold later. I **may** not have time to phone you this evening. Do you think it was John we saw earlier? – It **may** have been, I'm not sure	*May wird benutzt,* *– wenn ein Sachverhalt wahrschein-lich, aber nicht sicher ist* *(im Deutschen wird oft ein Aus-druck mit »vielleicht« benutzt).*
May we have a few days to think about it? You **may** go earlier today if you like.	*– wenn um Erlaubnis gefragt wird oder eine Erlaubnis erteilt wird. Die Verneinung von **may** ist **may not.***

might

I **might** see her tormorrow. – *Ich sehe sie eventuell morgen.*

Beispiele

I don't feel very well. – It **might** be something you've eaten. Where are you going for your holidays? – I'm not sure; we **might** go to Scotland.	*Might wird benutzt, wenn eine Sache möglich, aber nicht sicher ist.*

I'm surprised Chris isn't here yet. Do you think he **might** have forgotten?
I'm leaving early tomorrow so I **might not** see you.

Die Verneinung von **might** *ist* **might not**.

will, 'll, won't

Beispiele

I'**ll** be back in a few minutes.
We **won't** see you next week. We'**ll** be on holiday.

Will und die Verneinung won't werden benutzt,
– wenn es um zukünftige Handlungen geht.

Will you sign the form please?
Will you phone me when you arrive?

– wenn jemand um etwas gebeten wird.

I **will** if I have time.

– wenn man sein Einverständnis gibt .

I'**ll** give you a hand with that.
We'**ll** do the washing-up.

– wenn jemand Hilfe anbietet.

She **won't** tell me where she's going tonight.
I **won't** work on that machine. It's dangerous.
Molly's car **won't** start.
The baby **won't** stop crying.

– wenn jemand/etwas es ablehnt, etwas zu tun.

Wait a minute! I'**ll** just get a sweater.
That's the doorbell. – It'**ll** be John.
I'**ll** have a pizza and salad, please.

– wenn im Augenblick des Sprechens auf etwas reagiert wird.

You'**ll** catch the train if you leave now.
You **won't** be happy if you don't buy it!

– in Bedingungssätzen, wenn eine Bedingung wahrscheinlich eintreffen wird; siehe S. 50.

Will not als Verneinung ist in der gesprochenen Sprache nicht üblich, da es sehr stark betont ist.

would

Beispiele

Would you drop me at the station please?
Would you mind closing the window please?

Would wird benutzt bei
– Bitten

Would you like a cup of tea?

– Einladungen und Angeboten

Would you like to come with us?
– That's very kind of you. I'**d** love to.

What **would** be the best thing to do?

– Ratschlägen

What **would** you do?
– If I were you I'**d** see a doctor.

They **wouldn't** stop the noise even when I asked.
My car **wouldn't** start this morning.

– Ablehnung

You **wouldn't** enjoy the film, I don't think.

– Gesprächen über eine hypothetische Situation

Shall I bring my sleeping bag?
– That **would** help.

shall

Who **shall** we invite to the party? – *Wen sollen wir zur Party einladen?*

Beispiele

Shall we pick you up at the station?
Shall I get a ticket for you?

Shall wird benutzt,
– wenn jemand anbietet, etwas zu tun.

Shall we go for a walk after lunch?
What **shall** we do about it?

– wenn jemand vorschlägt, etwas zu tun.

Shall wird im modernen Englisch nur noch in Fragen wie Shall I...? oder Shall we...? benutzt.

should

You **should** tell the police about it. – *Du solltest deshalb zur Polizei gehen.*

Beispiele

I think you **should** go to the doctor.
– Perhaps I **should**.

If you don't feel better you **should** go to bed.
The train **should** be there by four o'clock.
Excuse me, I think it **should** be $ 2, not $ 3.
You **should** have told me that you don't
   eat meat.
Kurt **shouldn't** have left without paying.

Do you think I **should** tell Peter?
What do you think I **should** do?

*Should und die Vernei-
nung should not bzw.
shouldn't werden be-
nutzt,*
*– wenn jemand sagt, wie
   etwas getan werden
   sollte oder sein sollte.*

*– wenn jemand um Rat
   fragt, was zu tun sei.*

*Die normale Art zu fragen ist **Do you think I/we should...?**
Dagegen ist **Should I/we...?** ungebräuchlich.*

ought to

I **ought to** ring my mother. – *Ich sollte meine Mutter anrufen.*

Beispiele

You **ought to** phone your parents.
What do you think we **ought to** do about it?
People **ought not to** park here –
   it's dangerous.

*Ought to und die Vernei-
nung ought not to
drücken eine (meist
moralische) Verpflich-
tung aus. Auch should
tut dies häufig.*

*Fragen werden mit **Do you think we ought to...?** gebildet. **Ought we to...?** ist
sehr ungewöhnlich.*

have to

When do you **have to** leave? – *Wann musst du fahren?*

Present Simple

I / you we / they	have to **don't have to**	
he / she it	has to **doesn't have to**	ask

*Die Verneinung wird wie bei den Vollverben gebildet. Als »Ersatz-Hilfsverb« tritt **do**/**does** hinzu. Vgl. S. 14.*

Frage

Do	I / you we / they		
Does	he / she it	have to	ask?

*Fragen werden wie bei den Vollverben gebildet. Als »Ersatz-Hilfsverb« tritt wieder **do/does** hinzu.*

Kurzantwort

Yes,	I / you we / they	do.
	he / she / it	does.
No,	I / you we / they	**don't**.
	he / she / it	**doesn't**.

Past Simple

I / you we / they he / she it	had to **didn't have to**	ask

*Die Verneinung wird wie bei den Vollverben gebildet. Als »Ersatz-Hilfsverb« tritt **did** hinzu. Vgl. S. 20.*

Frage

Did	I / you we / they he / she it	have to	ask?

*Fragen werden wie bei den Vollverben gebildet. Als »Ersatz-Hilfsverb« tritt **did** hinzu.*

Kurzantwort

Yes,	I / you / we / they he / she / it	did.
No,	I / you / we / they he / she / it	**didn't**.

Beispiele

Children over 14 **have to** pay full price.

Have to drückt eine Notwendigkeit aus. Ursachen können sein:
– eine Vorschrift

The doctor says he **has to** stay in bed.

– eine Autorität

Did you **have to** wait long?
You **have to** be at the airport very early because they **have to** search all the bags.

– die Umstände

have to oder **must**?

We **have to** be there by four o'clock.

→ *denn ab vier Uhr ist kein Einlass mehr*

We **must** be there by four o'clock.

→ *denn ich glaube, es wird ausverkauft sein*

Have to wird benutzt, wenn etwas objektiv nötig ist.
Must wird eher benutzt, wenn jemand denkt, etwas sei nötig.

will have to

I'**ll have** to go to the bank tomorrow. – *Ich muss morgen zur Bank gehen.*

Beispiele

We'**ll have to** paint the house before we sell it.
We'**ll have to** go or we'll miss the last bus.
It's broken – you'**ll have to** buy a new one.
I'm afraid she'**ll have to** go into hospital.

Will have to drückt aus, dass der Sprecher etwas für notwendig hält. Dabei ist unwichtig, ob es tatsächlich notwendig ist.

don't have to / don't need to

I'm sure we **don't have to** ask.
 = I'm sure we **don't need to** ask.
You **don't have to** be there before 9.
 = You **don't need** to be there before 9.

Don't have to und don't need to werden in ähnlichen Situationen gebraucht und sind praktisch bedeutungsgleich.

have got to

When **have** you **got to** leave? – *Wann musst du fahren?*

Present Simple

I / you we / they	have ('ve) got to **haven't got to**	go
he / she it	has got to **hasn't got to**	

*Zur Verneinung tritt **not** hinter das Hilfsverb **have**.*

Frage

Have	I / you we / they	got to	go?
Has	he / she / it		

Die Frageform wird einfach durch Umstellen gebildet.

Kurzantwort

Yes,	I / you we / they	have.
	he / she / it	has.
No,	I / you we / they	**haven't**.
	he / she / it	**hasn't**.

*Zur Verneinung tritt **not** hinter das Hilfsverb **have**.*

Beispiele

He**'s got** to stay in bed for a few days.
You**'ve got** to put two 10 pence coins in to make it work.
I **haven't got** to get up early in the morning.
Sorry I can't stop – I**'ve got** to get to the bank before half past three.
Have we **got** to show our passports?

*Have got to wird genauso gebraucht wie **have to** (siehe S. 72).
Im Past Simple wird statt **had got to** normalerweise nur **had to** benutzt.*

75

have got

They**'ve got** two children. – *Sie haben zwei Kinder.*

Present Simple

I / you we / they	have ('ve) **haven't**	got
he / she / it	has ('s) **hasn't**	

Past Simple

I / you we / they he / she / it	had ('d) **hadn't**	got

Frage

Have	I / you / we / they	got?
Has	he / she / it	

Frage

Had	I / you / we / they he / she / it	got?

Kurzantwort

Yes,	I / you we / they	have.
	he / she / it	has.
No,	I / you we / they	**haven't**.
	he / she / it	**hasn't**.

Kurzantwort

Yes,	I / you we / they he / she / it	had.
No,	I / you we / they he / she / it	**hadn't**.

Beispiele

We **haven't got** a phone.
Anna**'s got** dark hair and blue eyes.

Have you **got** change for a pound please?
– I'm afraid I **haven't**.

They **hadn't got** any apples so I bought some
  pears instead.

Have you **got** a free evening next week?
Excuse me, **have** you **got** a minute please?
Have you **got** an appointment?

*Have got wird häufig
benutzt
– bei Besitz im weitesten
  Sinne*

*– bei einigen Ausdrük-
  ken der Zeit*

be used to, get used to

I**'m used to** staying up late. – *Ich bin es gewohnt lange aufzubleiben.*
I'm **getting used to** staying up late. – *Ich gewöhne mich daran lange
                                            aufzubleiben.*

He isn't / hasn't got used to **his new job** yet.	***used to*** *+ Hauptwort*
He isn't / hasn't got used to **living in London**.	***used to*** *+ Verb mit* ***-ing****-Form*

Beispiele

She**'s used to** travel**ling** a lot.
He**'s not used to** driv**ing** on the left.
We **aren't used to** very hot weather in
  England.

Have you **got used to** our winters yet?
– **I'm getting used to** them, slowly!

I **was** just **getting used to** my old job when
  they moved me.

I don't like this medicine.
– Don't worry. I'm sure you**'ll** soon **get used
  to** it.

*Mit **be used to** wird eine
Gewohnheit ausge-
drückt, etwas, das
normal ist.*

*Mit **get used to** wird
ausgedrückt, dass
jemand sich an etwas
gewöhnt.*

used to

They **used to** live in Manor Road. – *Früher wohnten sie in der Manor Road.*

I you we they he she it	used to **didn't use to**	smoke.

Beispiele

I **used to** smoke.

He **used to** play squash until his accident.

Do you work full time?
– Not now, but I **used to** before I had the children.

I's funny. I really enjoy cricket now but I **didn't use to**.

*Mit **used to** wird ausgedrückt, dass früher etwas üblich war, heute aber nicht mehr ist. Viele Sätze mit **used to** würden wir im Deutschen mit dem Wort »früher« beginnen. Frageformen mit **used to** sind ungebräuchlich. **Used to** sollte man nicht mit **be used to** (= gewohnt sein) verwechseln, vgl. S. 77.*

Test Yourself

1. Erkennen

Tragen Sie die Hilfsverben und die Vollverben in die jeweilige Liste ein.

You should wash a T-shirt before you wear it for the first time.
Tom mustn't forget to return the cassettes to the library.
On our way to Spain we could spend 2 days in France.
Have you got change for 5 pounds please?
John's phone doesn't answer. He might have gone to Liverpool.

Hilfsverben:

_____

_____

_____

Vollverben:

_____

_____

_____

2. Ordnen

Was drücken die Hilfsverben aus? Schreiben Sie die entsprechenden Buchstaben vor die Sätze.

_____ Will you do this for me?	a) Möglichkeit
_____ May I do it later?	b) moralische Verpflichtung
_____ You ought to do that.	c) Notwendigkeit
_____ You must do it.	d) Verbot
_____ It could be Caroline's key.	e) höfliche Bitte
_____ You mustn't do that.	f) Bitte um Erlaubnis
_____ Could I have your car tomorrow?	g) Bitte um etwas
_____ I won't do that.	h) Ablehnung, etwas zu tun

3. Einsetzen

Wählen Sie aus, welches Hilfsverb in welche Lücke passt.

wouldn't	used to	shouldn't
'll have to	may	can

It's not a problem, you _____ worry!

Excuse me sir, _____ I interrupt you for a second?

_____ you show me your passport please, madam?

I _____ talk to him if I was you. There's no point.

If we miss the last bus we _____ to walk.

I _____ live in Manchester, but that was twenty years ago.

Lösungen

3. shouldn't, may, can, wouldn't, 'll have to, used to

2. g, f, b, c, a, d, e, h

1. Hilfsverben: should, mustn't, could, have, doesn't, might, have
Vollverben: wash, wear, forget, return, spend, got, answer, gone

80

Frageanhängsel

It's a lovely day, **isn't it**? – *Heute ist ein schöner Tag, nicht wahr?*

bejahte Aussage	*verneintes Anhängsel*	
It**'s** a beautiful day,	**isn't it**?	*Benutzen Sie das erste*
You**'ve** been to London,	**haven't you**?	*Hilfsverb für das Frage-*
It **must** have been David,	**mustn't it**?	*anhängsel und vernei-*
You **know** Mary,	**don't you**?	*nen Sie es. Wenn keines*
She **drives** to work,	**doesn't she**?	*steht, verwenden Sie*
They **played** well,	**didn't they**?	***don't, doesn't** im Present*
		*Simple oder **didn't** im*
		Past Simple.

verneinte Aussage	*bejahtes Anhängsel*	
It **isn't** a very nice morning,	**is it**?	*Benutzen Sie das erste*
You **haven't** been to London,	**have you**?	*Hilfsverb für das Frage-*
It **couldn't** have been David,	**could it**?	*anhängsel in der bejah-*
They **don't** eat pork,	**do they**?	*ten Form. Wenn keines*
Your mother **doesn't** speak English,	**does she**?	*steht, verwenden Sie **do**,*
You **didn't** leave the window open,	**did you**?	***does** im Present Simple*
		*und **did** im Past Simple.*

Beispiele

Frageanhängsel sind etwas sehr »Englisches«. Sie kommen nur in der gesprochenen Sprache vor. Sie sind eigentlich keine Fragen, sondern Aufforderungen, Stellung zu nehmen. Sie bedeuten z.B.:

It's a lovely day, **isn't it**?   – *»Sagen Sie doch etwas zum Wetter.«*
That was a super film, **wasn't it**?   – *»Sag doch etwas zum Film.«*
That's a good idea, **isn't it**?   – *»Sagen Sie mir Ihre Meinung.«*
Things were different then,   – *»Erzählen Sie mir, wie Sie sich*
  weren't they?   *daran erinnern.«*

You don't smoke, **do you**?
Sheila isn't married, **is she**?
Paul's been to London, **hasn't he**?
Eileen hasn't been to London,
  has she?

*Oft bittet man auch nur um Bestäti-
gung der eigenen Meinung.*

There's a post office in Churchill
  Road, **isn't there**?
Let's have a cup of tea, **shall we**?

*Besonderheiten: **There** erscheint
auch im Frageanhängsel.
Let's wird im Anhängsel zu **shall we**?*

Fragesätze

It was raining. – *Es hat geregnet.*
Was it raining? – *Hat es geregnet?*

mit Hilfsverb im Aussagesatz

Aussage   **Frage**

	Hilfsverb	*Subjekt*	*Verb + Objekt*
He's seen the doctor.	**Has**	**he**	seen the doctor?
You can read my writing.	**Can**	**you**	read my writing?
They are going to buy a new car.	**Are**	**they**	going to buy a new car?

ohne Hilfsverb im Aussagesatz

Aussage   **Frage**

	Hilfsverb	*Subjekt*	*Verb + Objekt*
The bus stops in Salisbury Road.	**Does**	**the bus**	stop in Salisbury Road?
She caught the plane.	**Did**	**she**	catch the plane?

*Benutzen Sie **do/does** im Present Simple und **did** + 1. Form im Past Simple.*

Fragen mit Fragewörtern

John told Mary.   **Who told Mary?**   *Wer hat es Mary erzählt?*
(Frage nach dem Subjekt
= wer/was?)

John told Mary.   **Who did John tell?**   *Wem hat John es erzählt?*
(Frage nach dem Objekt
= wen/wem?)

Beispiele: Frage nach Subjekt

Fragewort	*+ Verb*	
Who	paid?	
	told	you?
	lives	next door?
	brought	Greg to work?
	knows	about it?
What	happened?	
	caused	the accident?

Beispiele: Frage nach Objekt

Fragewort	*+ Hilfsverb*	*+ Subjekt*	*+ Verb*	
How many	did	you	buy?	
How often	have	you	been	here?
How	can	I	get	in touch with you?
Which	did	you	choose?	
When	will	she	know	the results?
Where	were	they	going?	
What	are	we	going	to do about it?
Who	could	we	ask	to help?
Why	would	you	like	to go?
Which floor	do	you	live on?	
Whose car	were	you	driving	yesterday?

Test Yourself

1. Ordnen

Bringen Sie die Wörter in die richtige Reihenfolge.

leave / When / for Dover / does / the night ferry?

When does the night ferry leave for Dover?

work / start / you / What time / do / in the morning?

_____

days / got / How many / you / over here / have?

_____

do / get back / you / from work / What time?

_____

try / don't we / Why / the Chinese restaurant?

_____

any news / had / you / Have / from Barbara?

_____

2. Einsetzen

Stellen Sie die Fragen zu den Antworten.

Why did she leave _____ the firm?

– She left the firm because she was tired of her boss getting her to make coffee all day.

_____ happen?

– The accident happened after the light changed to red, not before.

_____ the room?

The room is $40 a night plus breakfast.

_____ want to be back?

They wanted to be back by 9 o'clock.

_____ go into work?

I usually go into work by train, as I sold my car last year.

_____ the ladder?

Ken took it out into the garden, he is picking apples.

3. Fragen stellen

Fragen Sie nach den grau gedruckten Satzbestandteilen.

I've got a surprise for you.
What have you got for me?

Peter and Sarah have invited us round for a drink.

_____

Peter rang me this morning.

_____

They want us to bring our holiday video.

_____

By the way, I bought a new kettle after work.

_____

It only cost £5.99.

_____

It was so cheap, because it has a small dent.

_____

Lösungen

1. What time do you start work in the morning?
How many days have you got over here?
What time do you get back from work?
Why don't we try the Chinese restaurant?
Have you had any news from Barbara?

2. When did the accident happen? How much is the room? What time? / When did they want to be back? How do you go in-to work? Who has taken / took the ladder?

3. Who have you invited us round for a drink?
Who rang you this morning? What do they want us to bring? What did you buy (after work)? How much did it cost? Why was it so cheap?

85

Ausdrücke mit der -ing-Form

Auf die folgenden Ausdrücke folgt eine -ing-Form:

(do) the	Have you **done the ironing**?
go	They usually **go shopping** on Saturday.
hate/love/like	I **hate/love/like getting** up early.
enjoy	Do you **enjoy playing** tennis?
finish	I'll just **finish writing** this letter.
stop	Jack's **stopped smoking** at last.
suggest	Peter **suggested going** to Ibiza.
need	My hair **needs washing**.
can't help	I **can't help thinking** he's a fool.
go on	He **went on complaining** all evening.
miss	Do you **miss living** in London?
Would you mind...?	**Would you mind lending** me your pen, please?
(be) used to	I'm **not used to driving** in town.
afraid of	I'm **afraid of flying**.
without	You can't get in **without paying**.
It's worth... / **It's no use...**	**It's worth/no use applying** for a grant.
It's no good...	**It's no good complaining**.
instead of	We'll drive **instead of catching** the train.
What about...	**What about having** a picnic?
interested in	I'm **not interested in spending** more than £3.

Ausdrücke mit Infinitiv

*Auf die folgenden Ausdrücke folgt die 1. Form mit **to** (»Infinitiv«):*

learn	We **learned to swim** before we started school.
hope	They **hope to finish** work early.
promise	I **promise to be** a better student.
refuse	Dick **refused to pay** the bill.
decide	Have you **decided to fly**?
mean	I'm sorry. I **meant to let** you know.
offer	Did she **offer to give** you a lift?
agree	We **agreed to meet** again on Thursday.
anxious	My mother was **anxious to hear** the news.
prepared	I'm not **prepared to work** at weekends.
likely	He's **likely to arrive** late.
afraid	Liz was **afraid to go** to the police.
sorry	I was **sorry to hear** about your accident.
would like	I **would like to go** to Spain next summer.

In den folgenden Sätzen ist der Aufbau noch etwas anders:
*Verb + Objekt (wem/wen/was?) + 1. Form mit **to**:*

ask	We had **to ask John to leave**.
tell	Please **tell your friends to come** a bit later.
persuade	Can you **persuade Bill to lower** the price?

*Bei folgenden Verben ist die **-ing**-Form oder die 1. Form möglich:*

love – hate – like – begin – try – prefer – start

Beachten Sie:

I **remember sending** you an invitation. – *Ich erinnere mich, dass ich dir eine Einladung geschickt habe. (→ Vergangenheit)*
Remember to send me a card. – *Denk dran mir eine Postkarte zu schicken. (→ Zukunft)*

Verben mit Präpositionen

drop – *fallen, fallen lassen*
drop in – *besuchen, vorbeischauen*

Viele Verben können einen oder zwei »Begleiter« haben (siehe auch Präpositionen S. 116), die ihre Bedeutung stark verändern können. Trotz einiger »Eselsbrücken« hilft da nur: immer wieder hören, lesen und sprechen.

break down	The car **broke down** at the weekend. – *kaputtgehen, eine Panne haben*
bring up	Children are **brought up** differently here. – *erziehen*
call back	Could you **call back** tomorrow please? – *nochmal anrufen*
call for	I'll **call for** you at 7 o'clock. – *abholen*
call off	They've **called off** the strike. – *absagen*
carry on	Are you going to **carry on** studying German? – *weitermachen*
catch up	You set off – I'll **catch** you **up**. – *einholen*
close down	The factory **closed down** last year. – *schließen*
come from	He **comes from** Bangladesh. – *stammen aus*
drop in	Why not **drop in** on your way back? – *vorbeischauen*
eat out	It's nice to **eat out** for a change. – *essen gehen*
fall out	Liz and Jack **have fallen out** again. – *sich streiten*
fall through	I'm afraid our holiday plans **have fallen through**. – *»ins Wasser fallen«*
fill in	Would you **fill in** this form? – *ausfüllen*
find out	I hope nobody **finds out**. – *herausfinden*
get back	We **got back** from France last night. – *zurückkommen*
get off	You **get off** at the end of East Street. – *aussteigen*
get on	How are the children **getting on** at school? – *zurechtkommen*
get on with	I **get on** very well **with** him. – *auskommen*
get over	I had an operation but I'm **getting over** it now. – *überwinden*

get round to	I **haven't got round to** writing to him yet. – *dazu kommen*
get through	Did you **get through**? – *durchkommen*
get up	I **got up** at 7 this morning. – *aufstehen*
give up	I know it's difficult, but don't **give up**! – *aufgeben*
go off	I think the milk**'s gone off**. – *schlecht werden*
grow up	Children **grow up** more quickly nowadays. – *erwachsen werden*
hang up	She **hung up** on me! – *auflegen*
have on	You**'re having** me **on**! – *sich lustig machen*
hold on	Can you **hold on** a moment please? – *dranbleiben*
keep up	How long do you think they can **keep** that **up**? – *beibehalten*
knock down	She was **knocked down** in First Avenue. – *anfahren*
laugh at	Are you **laughing at** me? – *auslachen*
let down	You won't **let** me **down**, will you? – *im Stich lassen*
lie in	I'm going to **lie in** this morning. – *im Bett bleiben*
look after	Who's **looking after** the children? – *sich kümmern um*
look at	What **are** you **looking at**? – *ansehen*
look for	They**'re looking for** 20 new staff. – *suchen*
look forward to	I'm really **looking forward to** my holiday. – *sich freuen auf*
look out for	I'**ll look out for** you at the station. – *Ausschau halten nach*
look up	You can **look** it **up** in the dictionary. – *nachschlagen*
pack up	It's time to **pack up** and go home. – *Feierabend machen*
pay back	If you lend me it I'll **pay you** back tomorrow. – *zurückzahlen*
pay off	He was **paid off** at the end of June. – *entlassen*
pick up	Can I **pick** you **up** at the station? – *abholen (mit dem Auto)*
put off	Shall we **put** it **off** until next week? – *verschieben*
put off	I **hope** I'**m** not **putting** you **off**. – *stören*
put on	Don't forget to **put** your coat **on**. – *anziehen*

put through	Could you **put** me **through** to Mr Wilson please? – *durchstellen*
put up	Can I **put** you **up** for the weekend? – *unterbringen*
put up with	I'm afraid you'll just have to **put up with** it. – *sich abfinden mit*
ring back	Can I **ring** you **back** please? – *zurückrufen (Telefon)*
run out of	We've run **out of** sugar. – *ausgehen (Vorräte)*
save up	I'm **saving up** for my holiday. – *sparen für*
see off	Can we **see** you **off** at the airport? – *verabschieden*
set off	What time shall we **set off**? – *abfahren*
settle down	My mother thinks I should **settle down**. – *ein geregeltes Leben beginnen*
show off	Stop **showing off**! – *angeben*
sleep in	Sorry I'm late – I **slept in**. – *verschlafen*
sort out	These files need **sorting out**. – *ordnen*
stand up for	You have to **stand up for** what you believe. – *verteidigen*
take after	Carol **takes after** her father. – *ähnlich sein*
take off	Would you like to **take** your coat **off**? – *ablegen*
tell off	I **told** the children **off**. – *schimpfen mit*
think about	What **are** you **thinking about**? – *nachdenken über*
think of	You should have **thought of** that earlier. – *denken an*
think over	I'd like to **think** it **over** for a while. – *überdenken*
try on	Could I **try** it **on** please? – *anprobieren*
turn down	His application **has been turned down**. – *ablehnen*
turn off	Would you **turn** the tap **off** please? – *zudrehen*
turn on	Would you **turn** the TV **on** please. – *anschalten*
turn up	She **turned up** at the very last moment. – *erscheinen*
wake up	What time did you **wake up**? – *aufwachen*
walk out	The whole work force **walked out**. – *streiken*
wash up	Who's going to **wash up**? – *abwaschen*
wear out	These shoes **have worn out** very quickly. – *verschleißen*
wrap up	Would you like me to **wrap** it **up** for you? – *einpacken*

Test Yourself

1. Erkennen

*Sortieren Sie die Wendungen mit der **-ing**-Form und die mit **to** + 1. Form entsprechend ein.*

I'll never get used to driving on the left!
Please remember to leave the key before you go out, will you?
We really enjoyed travelling when we were younger.
As they were grossly overcharged they refused to pay the hotel bill.
She was afraid of saying something wrong.
The management decided to close the factory.
Both of us stopped smoking last year.
Sorry to cause you problems, but can you help me with my car?

-ing-Form:

_____

_____

_____

*1. Form mit **to**:*

_____

_____

_____

2. Erinnern

*-ing-Form oder **to** + 1. Form? Setzen Sie ein.*

We like __going__ on holiday in winter. (go)

Sheila will have to learn _____ to people and _____ to them. (go up to, talk)

You can't get into the concert without _____ . (pay)

In summer I enjoy _____ in the mountain lakes. (swim)

They offered _____ round and help us with the repair. (come)

I can't help _____ he's a bit silly. (think)

Did you tell him _____ the garage? (clean)

3. Erinnern

Setzen Sie die richtigen Präpositionen ein.

I'm sorry, Mr Winterbottom is on the phone at the moment.

　Can you hold _____ ?

How did you get _____ at work today?

Excuse me, is Charing Cross the next stop? Then I'll have to get _____.

This tastes sour. I think it has gone _____.

I must not forget the light. Can you think _____ it, too?

I'm looking _____ my pocket diary. Have you seen it?

Lösungen

3. on, on, off, off, of, for

2. going, to go up, talk, paying, swimming, to come, thinking, to clean

   sorry to cause problems

to + 1. Form: remember to leave, refused to pay, decided to close,

   stopped smoking

1. **-ing**-Form: get used to driving, enjoyed travelling, afraid of saying,

a, an

Give him **a** chance! – *Gib ihm eine Chance!*
Sue had **an** idea. – *Sue hatte eine Idee.*

an apple
an egg
an island
an orange
an uncle

*Nur vor **a, e, i, o, u** gesprochenen Lauten (Selbstlauten) steht **an**, sonst **a**.*

a bag
a child
a house

an hour
an honour

*Vor **h** steht **an**, wenn das **h** nicht gesprochen wird.*

a university
a European

*Vor **u** und **eu** steht **a**, wenn diese wie in **you** gesprochen werden.*

Beispiele

She's **a** dentist.
We had **an** argument.
A pound of tomatoes please.

*A oder **an** stehen*
– bei zählbaren Hauptwörtern in der Einzahl

a hundred, **a** thousand, **a** million

– bei einigen Zahlen

a dozen, **a** couple of, **a** pair of,
  a lot, **a** few, **a** little
We spent **a** couple of weeks
  in Spain.

– bei einigen Mengenabgaben

30 pence **a** pound
sixty miles **an** hour

– bei Preis- und Maßangaben

A coke and two lemonades,
  please.
– Two lemonades and two cokes.
No, two lemonades and **one** coke,
  please.

***One** wird nur zur Hervorhebung benutzt, normalerweise benutzt man **a/an**.*

the

The meal was very nice. – *Das Essen war sehr gut.*

the side, **the** thriller	*Eine Schreibweise, zwei Aussprachen:* *– Aussprache des **e** wie in Seit̲e̲ oder* * b̲e̲lebt*
the apple, **the** engine, **the** icecream, **the** other one, **the** umbrella	*– Aussprache des **e** wie in vi̲e̲r oder* * i̲h̲nen, wenn danach ein **a, e, i, o*** * oder **u** (Selbstlaut) gesprochen wird.*

I left **the** car in George Street.
   (= my / our car)
Which dress did you buy?
– **The** blue one.
Can you close **the** door please?
He bought **the** house next to the
   Post Office.
	***The** wird benutzt*
	– bei Personen oder Sachen, die
	* schon bekannt sind*

the China Sea, **the** Ganges, **the** Alps Lake Ontario, Lake Windermere	*– für Namen von Meeren, Flüssen* * und Gebirgen (aber nicht von Seen)*
He plays **the** guitar and **the** piano.	*– für Musikinstrumente*
the Taj Mahal, **the** White House, **the** Eiffel Tower, **the** Houses of Parliament, Buckingham Palace, Windsor Castle	*– für manche, aber nicht alle bedeu-* * tenden Gebäude*
Oxford Street, Broadway	*Die meisten Straßen werden ohne **the*** *genannt (Ausnahme: **the High Street**).*
at work, at home, at school, go **to work, go home, go to school**	*Bei diesen Ausdrücken steht kein* ***the**.*
Milk is good for you. I don't like coffee.	*Geht es um Sachen im Allgemeinen,* *steht kein **the**.*

Zählbare und nicht zählbare Hauptwörter

a glass of water

a cup of tea

a spoonful of sugar

a slice of bread

Englische Hauptwörter (Nomen) sind in 2 Gruppen unterteilt:

– Der Sprecher stellt sich <u>zählbare Dinge</u> in klar begrenzten Mengen vor.

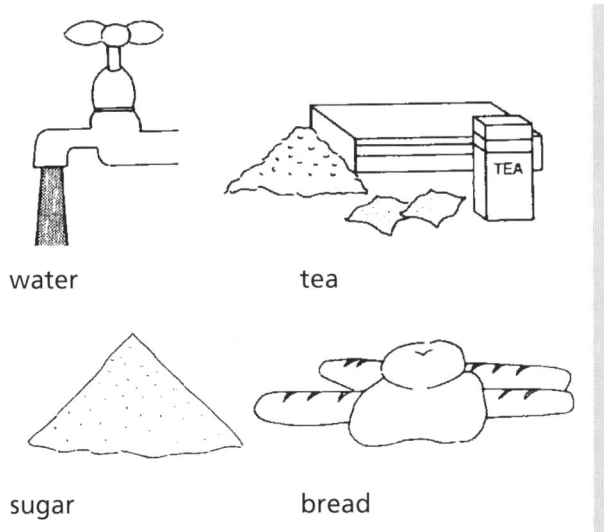

water

tea

sugar

bread

– Der Sprecher stellt sich <u>nicht zählbare Dinge</u> in unbestimmten Mengen vor.

Zählbare Hauptwörter

That **boy is** French.
Those **boys are** French.
The **train was** delayed.
All **trains were** late.

Bei zählbaren Dingen
– kann man Einzahl-
oder Mehrzahlformen
benutzen.
– können Einzahl- oder
Mehrzahlformen von
Tätigkeiten stehen.

an apple, **a** good idea
four apples, **three** good ideas

– können a/an oder
Zahlen stehen

He has**n't many** friends.
There were**n't many** people there.

– kann not many stehen.

Do you want **a few** more cherries?

– kann a few stehen.

Nicht zählbare Hauptwörter

Music helps me to relax.
Their **furniture is** very modern.
Too much **coffee isn't** good for you.
The **weather was** beautiful all week.

Bei nicht zählbaren
Dingen
– gibt es nur eine Form.
– stehen Tätigkeiten in
der Einzahlform.

weather	information	advice
furniture	leather	

– kann a oder an nie un-
mittelbar vor dem be-
treffenden Wort
stehen.

He **hasn't much** money.
We have**n't** had **much** information yet.

– steht not much.

Do you want **a little** more ice-cream?

– steht a little.

We had **a lot of** trouble getting here. There were **a lot of** people in town today.

In bejahten Sätzen wird normalerweise a lot of benutzt, in verneinten
***much** und **many**.*

a... of...

a **glass of** water – *ein Glas Wasser*
a **piece of** information – *eine Information*

	pound		butter
	pint		milk
	piece		advice
	jar		jam
	tin		soup
a	**packet**	of	rice
	bit		luck
	slice		toast
	litre		oil
	plate		spaghetti
	tube		toothpaste

*Diese Dinge sind, wenn sie allein stehen, <u>nicht zählbar</u>. Durch **a... of** bekommen sie eine zählbare Form.*

advice   information   news   luggage
knowledge   furniture   health

*Diese Wörter sind im Englischen <u>nicht zählbar</u>, können also nicht mit **a/an** benutzt werden.*

Einige Wörter können eine zählbare und eine nicht zählbare Form haben.

zählbar:

There's **a hair** on your coat.
What **a** lovely **colour**!

Have some more **potatoes**!
– Just **a few** please.

nicht zählbar:

Her **hair** is beautiful.
Television is dull without **colour**.

Have some more **potato**!
– Just **a little** please.

Mehrzahlformen

hand – hand**s**
glass – glass**es**

Die Mehrzahlform der meisten Hauptwörter wird im Englischen durch Anhängen eines -s gebildet. Die Endungen spricht man verschieden:

packet – packets

Das Wortende wird gesprochen wie
– scharfes »s« wie in »Fass« nach stimmlosen Lauten (siehe S. 132)

band – bands

– weiches »s« wie in »Sahne« nach stimmhaften Lauten (siehe S. 132)

face – faces

– »i« und weiches »s« wie in »Sahne« nach s-Lauten

Einige häufige Mehrzahlformen werden anders gebildet.

woman – **women**
man – **men**
child – **children**
person – **people**
potato – **potatoes**
bus – **buses**
glass – **glasses**
match – **matches**

wife – **wives**
knife – **knives**
foot – **feet**
tooth – **teeth**
baby – **babies**
lady – **ladies**
city – **cities**
sheep – **sheep**

some, any

I bought **some** bananas. – *Ich habe ein paar Bananen gekauft.*
Anybody upstairs can help you. – *Jeder da oben kann dir helfen.*
She did**n't** say **anything**. – *Sie sagte nichts.*

I like **some** fruit.   I do**n't** like **some** fruit.

I like **any** fruit.   I do**n't** like **any** fruit.

Some bezeichnet nicht alle/s, sondern nur einen Teil.

*Any bezeichnet alle/s, **not any** keine/s.*

any

She does**n't** drink **any** alcohol, not even beer. There are**n't any** shops near our flat.	*»keinerlei«*
You can take **any** bus from the station. When can you come round? – **Any** day next week. I like **any** kind of cheese.	*»alle« (welche/r/s ist nicht wichtig)*
Did you take **any** photographs? Have you **any** small change, please?	*»irgendwelche/s« bei offenen Fragen*

some

Some of the trains stop here but some don't.
Some people thought it was too expensive.
I like some pop music, but not all.

»einige«, nicht alle

I've bought some tea but we need some sugar.
Would you like us to bring some sandwiches
  with us?
I'd like some information about the flight to
  Paris please.

»etwas«, »einige« bei
allgemeinen Mengen-
angaben

---

somebody someone something somewhere
anybody anyone anything anywhere

Die zusammengesetzten
Wörter werden in glei-
cher Weise benutzt wie
some *und* ***any*** *allein.*

There's somebody outside to see you.
That's easy, anybody could do that.

»jemand«
»jeder«

There's something wrong with my arm.
I don't think there's anything we can do
  about it.

»etwas«
»irgendetwas«

Let's go somewhere warm this year!
I've never been anywhere in Scotland
  except Glasgow.

»irgendwo«
»nirgendwo«

Can I get you anything to eat?
Can I get you something to eat?

Beide Fragen sind kor-
rekt, ein kleiner Unter-
schied besteht:
Bei ***any*** *ist die Frage*
offen: »Ich weiß nicht,
ob du möchtest.«
Bei ***some*** *nehme ich an:*
»Du möchtest wohl
etwas.«

Test Yourself

1. Erinnern

Ergänzen Sie die fehlende Einzahl oder Mehrzahl.

_____ – men

city – _____

tomato – _____

_____ – children

woman – _____

_____ – ladies

tooth – _____

person – _____

2. Einsetzen

*Setzen Sie **a**, **an**, **the** oder gar nichts ein.*

Our friends live in _____ George Street.

Mum, can I have _____ orange, please?

The car was old but it still did 90 miles _____ hour.

When Keith Richard was young he played _____ piano.

What's her job? – I think she's _____ social worker.

The big department stores are in _____ Oxford Street.

3. Umformen

Formen Sie die bejahten in verneinte Sätze um und umgekehrt. Achten Sie auf die Regeln für die Verneinung.

We have some bread left.   *We don't have any bread left.*
_____

At 5 a.m. there were some cars on   _____
the roads.   _____

We kept you something to eat.   _____
                                                  _____

We have met somebody who has   _____
been to the Tonga Islands.   _____

_____   I haven't got anything urgent to do.

_____

_____   You can't find any cheaper antique
                                    shops in London.
_____
                              I don't know anyone who can play
_____   the piano as well as he can.

Adjektive

My wallet is **black**.
I've lost a **black** wallet.

Adjektive
– geben uns genauere <u>Informationen</u>
  <u>über Sachen oder Personen.</u>

The boy was **late**.
The girls were **late**, too.

– haben die gleiche Form für Ein-
  zahl oder Mehrzahl.

She's a **really nice** person.
It's **very cheap**.

*– können durch **very** oder **really***
  verstärkt werden.

Steigerung

Plastic is **cheaper** than aluminium. – *Plastik ist billiger als Aluminium.*
The **best** fish comes from Japan. – *Der beste Fisch kommt aus Japan.*

Grundform	Komparativ	Superlativ
cheap early	cheaper earlier	cheapest earliest

Adjektive mit einer Silbe,
*Adjektive mit zwei Silben, die auf **-y** enden*

Grundform	Komparativ	Superlativ
careful difficult	more careful more difficult	most careful most difficult

Adjektive mit 2 und mehr Silben

Grundform	Komparativ	Superlativ
good bad	better worse	best worst

unregelmäßige Formen

Vergleiche

Ahmed is **older than** Mustapha.
The book is **better than** the film.
This baker is **more expensive than** the one
   round the corner.
Have you any **smaller** oranges?
Have you anything a bit **cheaper**?
I think yours is **better**.

*Eine/r/s ist größer,
besser, schneller als die/
der/das andere:
Komparativ + **than***

Maria is **as** old **as** Marco.
Gas isn't **as** expensive **as** electricity.
Was he **as** angry **as** he looked?

*Beide sind gleich groß,
gut, schnell:
as + Adjektiv + **as***

Metin is **the tallest** in the class.
Gabi is **the most careful** driver I know.
How much is **the cheapest** flight to Athens?
The most expensive isn't always **the best**.
Where's **the nearest** toilet, please?

*Ein/e bestimmte/r/s ist
der/die/das Größte,
Beste, Schnellste:
the + Superlativ*

Adverbien

He looked **quickly** through the papers.
The car came **slowly** round the corner.

*Adverbien geben uns
genauere <u>Informationen
über das Verb</u>, d.h. darüber, auf welche Weise
etwas stattfindet.*

regelmäßig gebildete Adverbien:

Adjektiv	Adverb
slow	**slowly**
careful	**carefully**
easy	**easily**
sensible	**sensibly**

*An das Adjektiv wird **-ly**
angehängt. Steht ein **-y**
am Ende, wird daraus
-ily.*

Sätze mit Adjektiv	**Sätze mit Adverb**
He's a slow reader.	He reads **slowly**.
It's easy to make it yourself.	You can **easily** make it yourself.

unregelmäßig gebildete Adverbien:

Adjektiv	Adverb	Adjektiv	Adverb
hard	hard	straight	straight
late	late	harder	harder
early	early	faster	faster
earlier	earlier	good	**well**
fast	fast		

Hier haben Adjektiv und Adverb die gleiche Form oder sehen völlig verschieden aus.

Sätze mit Adjektiv	**Sätze mit Adverb**
He has long **straight** hair.	Go **straight** along Cromwell Road.
Let's catch the **late** train.	The train arrived ten minutes **late**.
She's a **hard** worker.	She works **hard**.
Is there an **earlier** train?	Can you come to me **earlier** than 10, please?
The train is **faster**, but **more expensive**.	I wish I could read **faster**.
They're a **good** team.	They played **well** last Saturday.
These are a **better** buy.	Do you feel **better** now.

Diese Wörter sehen wie regelmäßige Adverbien aus, haben aber besondere Bedeutungen:

Be careful, you **nearly** spilled your tea.	»beinahe«
There's **hardly** any butter left.	»kaum (noch)«
I haven't seen her **lately**.	»in letzter Zeit«
I'll have to be going home **shortly**.	»demnächst«
I'll let you know **directly** I hear myself.	»sofort (wenn)«

Steigerung und Vergleiche

She speaks English **more confidently than** her brother.
Liverpool played **better than** they did last week.

He doesn't speak English **as confidently as** his sister.

> Steigerungen und Vergleiche bilden Sie wie bei Adjektiven:
> – mit Komparativ
>   + *than*

> – mit (not) *as... as*

Im Deutschen machen wir oft keinen Unterschied zwischen Adjektiv und Adverb:

You'll have to be **careful**. – *Du musst <u>vorsichtig</u> sein.*
You'll have to do it very **carefully**. – *Du musst es <u>vorsichtig</u> machen.*

Stellung des Adverbs

They lifted the cover **carefully**.
She often works **late**.

> *Im Zweifelsfall steht das Adverb am Ende.*

Peter is **never** late.
You must **always** lock the door.
I **often** watch breakfast TV.
We've **sometimes** had lunch at work.

> *Always, often, usually, sometimes, never, already stehen <u>nach</u> be oder <u>nach</u> dem ersten Hilfsverb (**have, must, will** usw.) und <u>vor</u> dem Verb oder 2. Hilfsverb.*

Richard can swim **very well**.
It's **too far** to walk.
It was **quite cold** in the water.
This is a bad line – it's **extremely difficult** to hear you.

> *Very, too, so, rather, really, quite, extremely, slightly stehen vor dem Wort, das sie schwächer oder stärker machen.*

Have you **ever** been to Manchester?

> *ever steht in Fragen nach dem Subjekt.*

He isn't strong **enough**.
He didn't work hard **enough**.
I didn't have **enough** money.

> *Enough steht <u>nach</u> Adjektiven und Adverbien, aber als Adjektiv <u>vor</u> Hauptwörtern.*

Persönliche Fürwörter

He asked **me** to tell **them**. – *Er bat <u>mich</u>, es <u>ihnen</u> zu sagen.*

Subjekt	Objekt
»*ich*«	»*mir*« / »*mich*«
I	me
you	you
he	him
she	her
it	it
we	us
they	them

Eine Sache oder Person ist bekannt. Sie wird nicht genannt, ein Fürwort (Pronomen) tritt an ihre Stelle. Fürwörter geben Antworten auf die Fragen wer? wen? wem? usw.

Beispiele

Would you like to come with **us**?
Do you live near **them**?
Could you send them direct to **me**, please?

*Der Objektfall **me, you** usw. wird gebraucht*
*– nach einer Präposition (**with, near, after, on** usw.)*

Who broke that window?
– It wasn't **me**.

*– nach **be** anstelle des Subjektfalls*
Beachten Sie den Unterschied zum Deutschen:
»<u>Ich</u> war es nicht.«

Can Eva send them to **me**, please?
Tony made a cake for **you**.

*– wenn **make, give, send, lend, pass, take** und **show** mit **to** oder **for** stehen.*

107

Besitzanzeigende Fürwörter

My birthday is on May 27th. – *Mein Geburtstag ist am 27.Mai.*
– Funny, **mine** is on May 26th. – *Lustig, <u>meiner</u> ist am 26.Mai.*

Besitzanzeigendes Adjektiv (»mein«)	Besitzanzeigendes Fürwort (»meins«)	Rückbezügliches Fürwort (siehe S. 109) (»ich ... mich (selbst)«)
my	mine	myself
your	yours	yourself
his	his	himself
her	hers	herself
its	its	itself
our	ours	ourselves
your	yours	yourselves
their	theirs	themselves

Beispiele
Sätze mit Adjektiv

My feet hurt!
Is this **your sweater**?
I don't think this is **his car**, is it?
Sheila left **her bag** somewhere in here.
Our children like **their school**.
What's **your phone number**?

Beispiele
Sätze mit Fürwort

– So do **mine**!
– Yes, where's **yours**?
– No, **his** is over there.
– I think this is **hers**, isn't it?
– Yes, **ours** like **theirs**, too.
– 7726981. What's **yours**?

> *Das besitzanzeigende Adjektiv steht jeweils direkt bei der fraglichen Sache/Person. In der Antwort ist die Sache/Person ausgespart. Dann steht das besitzanzeigende Fürwort.*

Rückbezügliche Fürwörter

He's cut **himself**. – *Er hat* ***sich*** *geschnitten.*
They did it **themselves**. – *Sie haben es* ***selbst*** *gemacht.*

Beispiele

Oh dear! Have you hurt **yourself**?

Wer? (Subjekt) und wen/ wem? (Objekt) sind die gleiche Person. Das Fürwort bezieht sich (zurück) auf das Subjekt. Im Deutschen sagt man »ich ... mich«, »du ... dich«, »er/sie ... sich« usw.

Did you do the decorations **yourself**?
– I did the painting **myself**, but that's all.

Can I give you a hand?
– No, it's all right thanks. I can do it **myself**.

Hier werden die Fürwörter zur Hervorhebung benutzt (» ... selbst gemacht!«).

Häufige Wendungen

Do it **yourself**!

Help
Enjoy   **yourself / yourselves**!
Behave

I live by **myself**.

»Ich lebe allein.« Sie hören auch oft: ***I live on my own.***

they

They are repairing the road.
(they = the Town Council)

They want to increase income tax.
(they = the Government)

They say it's a marvellous film.
(they = a lot of people)

They tell me you're changing your job.
(they = somebody/some people)

Someone has left **their** pen on the desk.
Somebody told you, didn't **they**?
Anybody knows that, don't **they**?
Everyone has to bring **their** own food.
If **anyone** rings, please ask **them** to ring back.

They wird in zwei Zusammenhängen benutzt:
– als Fürwort, das anstelle einer Sache/ Person auftritt

– als »Platzhalter« für Unbekannte (im Deutschen oft: »man«)

Somebody, anybody usw. werden mit they bzw. their ersetzt, auch dann, wenn nur eine Person gemeint ist.

one, ones

That train is too early. What time is the next (train) **one**? –
Der Zug ist zu früh. Wann fährt der nächste (Zug)?

Einzahl

the this / that	one
which	one?

Mehrzahl

the these / those	ones
which	ones?

110

Beispiele

I'm going to make a cup of coffee.
  Would you like **one**?
– Mm yes, I'd love **one**, thank you.

Shall I use these tea-bags?
– No, use **the ones** on the shelf, please.

*Mit **one** oder **ones** kann man vermeiden, den Ausdruck für eine Sache oder Person zu wiederholen.*

there is/there are

There's too much traffic. – *Es gibt zu viel Verkehr.*
There are too many cars on the road. – *Es gibt zu viele Autos auf der Straße.*

There	is ('s) **isn't**	a problem
	are **aren't**	three

Frage

Is	there	a toilet?
Are	there	any seats?

Kurzantwort

Yes,	there	is. are.
No,	there	**isn't**. **aren't**.

Beispiele

There's a cinema in the centre.
Is there a telephone box in the station?
There are some people waiting outside.
Are there 2 m's in 'recommend'?
There's nothing we can do about it.
There's somebody waiting for you outside.
Is there anywhere to eat near here?

*Mit **there is/there are** wird eine Sache neu ins Gespräch eingeführt. Es bedeutet dann so viel wie » ... es gibt ... «.*

There must be a mistake.
There might be a strike.
There can be a lot of rain at this time of the year.
There should be a bus in five minutes.
There'll be trouble when he finds out!

There isn't enough room, **is there**?
– Oh yes, I think **there is**.

There is/there are kann auch mit Hilfsverben benutzt werden:
there + Hilfsverb + be

*In Kurzfragen und Kurz-antworten wird **there** wieder aufgenommen.*

this, that, these, those

This, that, these, those können vor Sachen/ Personen stehen. Sie können allein stehen, wenn klar ist, wovon man spricht.

Beispiele

Does **this bus** go to Victoria, please?
Does **this** go to Victoria?

These strawberries are delicious.
These are delicious.

This is the life!
These science fiction films are a waste of money.

This und these werden benutzt, wenn dem Sprecher Dinge räumlich oder geistig nah sind oder so empfunden werden.

How much is **that dress** please?
How much is **that** please?

A pound of **those tomatoes** please.
A pound of **those** please.

That was lucky! I didn't expect **that**.
That kind of person really annoys me.
Is **that** all?

That und those werden benutzt, wenn für den Sprecher Dinge räumlich oder geistig weiter ent-fernt sind oder so emp-funden werden.

that, who, which

The car **that** was parked outside has gone. – *Das Auto, das draußen parkte, ist weg.*

Beispiele

That, who und which leiten Satzteile ein, die uns mehr Informationen über die Sache oder Person geben:

The woman **that** lives next door is very friendly.
Could I speak to the doctor **that** I saw yesterday please?
The essay **that** won the prize was written by a German student.

– *mehr Informationen über die Frau*
– *mehr Informationen über den Arzt*
– *mehr Informationen über den Essay*

*Im gesprochenen Englisch ist **that** häufiger als **who** und **which**.*
*Im schriftlichen Englisch steht **who** bei Personen, **which** meist bei Sachen.*

The person **who** told me had been there himself.
It was the blue car **which** caused the accident.

The man **who** I saw yesterday told me to come at ten o'clock.
The man I saw yesterday told me to come at ten o'clock.

*Hier stehen **that, who, which** vor einer Person und einem Verb. In diesem Fall werden sie häufig ausgelassen.*

Can I collect the coat **that** I brought in last week, please?
Can I collect the coat I brought in last week, please?

Test Yourself

1. Erkennen

Adjektiv oder Adverb? Sortieren Sie.

He is a fast runner.
Great, that was very well done!
When Mrs Marple arrived she went straight to the manager.
The job was easy for Robert to do.
God, I've been working hard this week!
Look, that painting job is very badly done!
The flight was 15 minutes early.
Matt was driving carefully because of the snow.

Adjektiv: _____

_____

Adverb: _____

_____

2. Ergänzen

Ergänzen Sie die fehlenden Formen.

_____	– easier	– _____
careful	– _____	– _____
_____	– better	– _____
early	– _____	– _____
sensible	– _____	– _____
hard	– _____	– _____
_____	– worse	– _____
expensive	– _____	– _____

3. Ordnen

Bringen Sie in die richtige Reihenfolge.

at the canteen / have / we / lunch / sometimes
We sometimes have lunch at the canteen.

was / carefully / driving / very / Mrs Mapplethorpe

have / to the East End / been / I / never

go / usually / to the pub / we / on Friday evenings

came / he / round the corner / slowly

Fred / in the morning / has / coffee / never

Lösungen

Präpositionen

Englische Präpositionen haben häufig unterschiedliche Entsprechungen im Deutschen. Für die Verwendung von Präpositionen gibt es keine Regeln, sie sollten nach und nach mit den dazugehörigen Wörtern gelernt werden.

Präpositionen können z. B. stehen:

about
Tell me **about** your family.
What are you thinking **about**?

– vor dem Thema einer Unterhaltung, eines Buches usw.

at
at home, **at** school, **at** work
at the cinema, **at** the end of...

– in bestimmten Ausdrücken

by
It was written **by** William Golding.
I was shocked **by** what she told me.

– vor der Person oder Sache, die etwas getan hat

We went there **by** train.

– vor Verkehrsmitteln

for
Let's go **for** a cup of coffee.
This machine's **for** peeling potatoes.

– vor einer Absicht oder einem Verwendungszweck (auch mit -ing-Form);

We were there **for** three weeks.
I haven't seen you **for** ages.

– vor einem Zeitraum

from
Where is he **from**?
They come **from** Sri Lanka.

– vor Herkunftsangaben

with
Would you like to stay **with** us?

– vor Ausdrücken des Zusammenseins

He cut himself **with** his pen-knife.

– vor Werkzeugen und Instrumenten

Zeitliche Präpositionen

on   Friday
Wednesday morning
Wednesday night
the sixteenth of March
Christmas Day

bei Wochentagen, Tageszeiten, Datumsangaben, besonderen Tagen

at   two o'clock
Christmas
lunchtime
the weekend
night

bei Uhrzeiten, Festtagen, Mahlzeiten, bestimmten Ausdrücken

in   spring
1947
August
the morning
the evening

bei Jahreszeiten, Jahren, Monaten

*Statt **in** kann manchmal **during** stehen. **In the night** ist sehr selten, **during the night** ist üblicher.*

Zeiträume

for three weeks

Zeitraum von bestimmter Dauer

in three weeks

ab jetzt

three weeks **ago**

*vom jetzigen Zeitpunkt aus rückwärts gesehen (**ago** wird nachgestellt)*

Bei Zeitangaben bezeichnen die meisten Präpositionen einen Zeitraum und nicht einen Zeitpunkt.

Beispiele

at 2 o'clock

We arrived **at** 2 o'clock.

before 2 o'clock

The doctor can't see you **before** 2 o'clock.

until 2 o'clock = not before 2

I won't be there **until** 2 o'clock.

since 2 o'clock

I haven't seen her **since** 2 o'clock.

about 2 o'clock

We'll be there **about** 2 o'clock.

after 2 o'clock

I'll be in my office **after** 2 o'clock.

by 2 o'clock = any point before or at 2

Will we be there **by** 2 o'clock?

from 2 o'clock

They are open **from** 2 o'clock.

Räumliche Präpositionen

Ort

Beispiele

at

He lives **at** number five. *(»in«)*
I'll meet you **at** the station. *(»an/ am«)* → *genaue Ortsangabe*

in

We live **in** England.
He lives **in** Baker Street.
Were you **in** the pub last night?
(»in«)

on

I'll meet you **on** the platform.
There's some coffee **on** the shelf.
(»auf«)

under

She hid the letter **under** the book.
(»unter«)

in front of

I'll see you **in front of** the Town Hall. *(»vor«)*

behind

Grace Road is **behind** the bus station. *(»hinter«)*

next to		We live **next to** the post office. (»*direkt neben*«)
beside		Can I sit **beside** you? (»*neben*«)
between		We live **between** Queen's Road and the sea. (»*zwischen*«)
in the middle of		The bus station is **in the middle of** town. (»*mitten in*«)
among		I found this scarf **among** some old clothes. (»*unter/zwischen*«)
opposite		There's a bus stop directly **opposite** the entrance. (»*gegenüber*«)
above		Our flat is **above** the baker's. (»*über*«)
below		The baker's is **below** our flat. (»*unter*«)

by I'll be standing **by** the ticket office. (*»an/neben«*)

near Is there a bank **near** the station? (*»in der Nähe von«*)

not far from I walk to college because it's **not far from** home. (*»nicht weit von«*)

a long way from We live **a long way from** the shops. (*»weit entfernt von«*)

Richtung

up Go **up** this road then turn left. (*»hinauf«*)

down Karen fell **down** the stairs. (*»hinunter«, »herunter«*)

out of Can you get the eggs **out of** the fridge, please. (*»aus«*)

into		I saw him getting **into** a taxi. (*»in … (hin)ein«*)
past		He walked straight **past** me without speaking. (*»an … vorbei«*)
onto		The cat jumped **onto** her knee. (*»auf«*)
off		It fell **off** the table and broke. (*»von … herunter«*)
round		I'm tired - I've walked **round** town today. (*»in … herum/durch«*)
back to		Can we go **back to** the theatre please – I've forgotten my coat. (*«zurück zu«*)
through		I hate driving **through** the town at this time of the day. (*»durch«*)
along		They walked **along** the beach. (*»entlang«*)

over

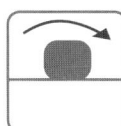

I tripped **over** a stone on the pavement. *(»über«)*

under

The cat ran **under** the car. *(»unter«)*

to

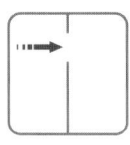

They rushed **to** the door. *(»zu«, »zum«, »zur«)*

towards

She ran **towards** the exit. *(»in Richtung«, »hin zu(m)«)*

across

He ran **across** the road. *(»quer über«)*

Konjunktionen

Beispiele

Konjunktionen fügen zwei Sätze oder Satzteile zusammen.

The class was boring, **so** I left.
The rent is too high, **so** we are moving.

- *So im zweiten Teil eines Satzes gibt hier ein Ergebnis an (»deshalb«).*

I need a nursery place **so that** I can go to work.
You'd better write it down **so that** you don't forget.

- *So that gibt hier einen Zweck an (»damit«).*

I'll do it **if** you help me.
She's going to change her job **if** she can.
If anyone rings, please ask them to call back.

- *If gibt eine Bedingung an (»wenn«, »falls«).*

Although he's got good qualifications, he can't get a job.
I'm going to get one, **although** they are very expensive.

- *Although stellt zwei Aussagen gegeneinander (»obwohl«).*

Because we were late, we took a taxi.
I didn't come **because** it was raining.

- *Because gibt einen Grund an (»weil«).*

Zeitliche Konjunktionen:

The lorry hit us **as** we were turning the corner.
»als«
I'll tell her **when** I see her.
»wenn«
They arrived **while** we were trying to phone them.
»während«
Where have you been living **since** you came to England?
»seit(dem)«
Could you keep an eye on things **until** I get back, please?
»bis«
I hope he gets here **before** the train leaves.
»bevor«
I'll see you here **after** I've been to the bank.
»nachdem«
Phone us **as soon as** your plane gets in.
»sobald«

Because we were late, we took a taxi.
We took a taxi **because** we were late.

Because- und if-Sätze können vorn oder hinten stehen.

If she comes, I'll tell her.
I'll tell her **if** she comes.

Satzstellung

Subjektteil   **Verbteil**

Subjektteil	Verbteil
You	know.
The flight	was cancelled.

Englische Sätze bestehen mindestens aus 1. einem Subjektteil (wer/was tut etwas?), 2. einem Verbteil (was passiert?). Der Subjektteil steht vor dem Verbteil. Der Verbteil kann aus einem einfachen Verb oder aus Hilfsverben plus Vollverb bestehen (vgl. S. 9).

Subjektteil   **Verbteil**   **Ergänzung**

Subjektteil	Verbteil	Ergänzung
She	plays	the guitar.
They	went	to see Monica.
We	arrived	late at night.
I	'll travel	by train.

Neben den Subjekt- und den Verbteil tritt hier eine Ergänzung. Sie kann Antwort geben auf die Fragen wen? was? wo? wie? usw.

Ergänzung   **Ergänzung**

Ergänzung			Ergänzung
Last night	we	saw	a fox.
In England	pubs	close	at 11 p.m.

Die wann?– oder wo?– Ergänzung zu Zeit oder Ort kann auch an den Anfang treten. Eine zweite Ergänzung kann dann am Ende stehen. Der Subjektteil bleibt aber vor dem Verbteil.

I arrived **at London Heathrow at 6.15 p.m.**
We met **at the airport lounge a few minutes later.**

Bei den Ergänzungen am Ende steht Ort (wo? wohin?) vor Zeit (wann?).

125

Test Yourself

1. Erkennen

Tragen Sie die vorkommenden Konjunktionen (»Satzverbinder«) danach ein, was sie ausdrücken.

Did you get to the bank before it closed?
He went round the wrong way although she had explained it to him a
    thousand times.
If I was you I'd never give up!
Jerry was smoking one cigarette after another while Sue was on the phone.
We took a taxi because the underground didn't come.
Can you give me your passport so that I can do it for you?

Bedingung: _____

Grund: _____

Gegensatz: _____

Zweck: _____

Zeit: _____

2. Kombinieren

Verbinden Sie die passenden Halbsätze.

When they got off the tube   although she had often told him
                                       she needed her sleep.
Sarah couldn't make it to the party   it was raining like mad.
He came round in the middle of   the children are still in bed.
  the night
Please phone me from the station   so that I can pick you up.
Sue and Mary got back home   before it was dark.
When Greg leaves in the morning   because her car broke down.

3. Einsetzen

Setzen Sie die richtige Präposition ein.

Where's Brendan? I haven't seen him _____ weeks.

He lives _____ number 10.

Jean could recognize Mary _____ the passengers because of her red coat.

So I'll pick you up _____ the airport _____ 5.30, will that be alright?

It was so warm we slept outside with lots of stars _____ us.

There is a path _____ the river.

Did you see the girl that just walked _____ us?

Lösungen

3. for, at, among, from, above, at, along, past

2. When Greg leaves in the morning the children are still in bed.
Sue and Mary got back home before it was dark.
Please phone me from the station so that I can pick you up.
He came round in the middle of the night although she had often told him she needed her sleep.
Sarah couldn't make it to the party because her car broke down.
When they got off the tube it was raining like mad.
Zeit: before, while
Zweck: so that
Gegensatz: although
Grund: because

1. Bedingung: if

Zahlen

Wie viel?	Der Wievielte?	Wie viel?	Der Wievielte?
1 one	first	20 twenty	twentieth
2 two	second	21 twenty-one	twenty-first
3 three	third	22 twenty-two	twenty-second
4 four	fourth	30 thirty	thirtieth
5 five	fifth	40 forty	fortieth
6 six	sixth	50 fifty	fiftieth
7 seven	seventh	60 sixty	sixtieth
8 eight	eighth	70 seventy	seventieth
9 nine	ninth	80 eighty	eightieth
10 ten	tenth	90 ninety	ninetieth
11 eleven	eleventh	100 one hundred	hundredth
12 twelve	twelfth	200 two hundred	two hundredth
13 thirteen	thirteenth	1,000 one thousand	thousandth
14 fourteen	fourteenth	1,000,000 one million	millionth
15 fifteen	fifteenth		
16 sixteen	sixteenth		
17 seventeen	seventeenth		
18 eighteen	eighteenth		
19 nineteen	nineteenth		

gesprochen		gesprochen	
1/2	a half	.5	point five
1/4	a quarter	.25	point two five
3/4	three quarters	.75	point seven five
1 1/2	one and a half	1.5	one point five
1/6	one sixth		

Zeitangaben

Beispiele

Have you the time, please?
What time is it, please?
– It's twenty-five to seven.

It's | exactly
just
about
nearly | three o'clock.

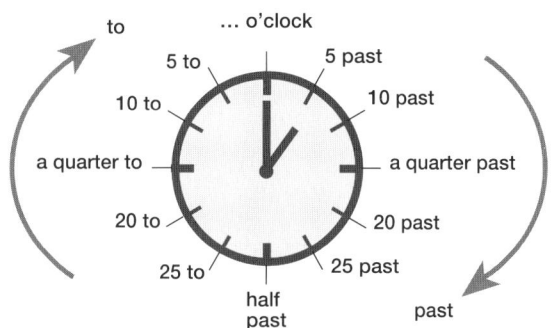

to ... o'clock
5 to 5 past
10 to 10 past
a quarter to a quarter past
20 to 20 past
25 to 25 past
half past
past

What time does it start?
What time does the York train leave?
– It leaves at **six forty-seven**.
– There's a train at **fifteen forty**.

The meeting will start at **9 a.m.**
Shall we say **5 p.m.**?
I'll see you about **sixish**.

Fahrplanzeiten können in 12er- oder 24er-Rechnung angegeben werden.

a.m. = *Vormittag*
p.m. = *Nachmittag*
Mit dem Anhängen von ***–ish*** *machen Sie ungefähre Zeitangaben (»gegen 6«).*

Days	**Months**		**gesprochen**
Monday	January		
Tuesday	February	15th July	the fifteenth of July
Wednesday	March		
Thursday	April	21.4.54	the twenty-first of April, nineteen fifty-four
Friday	May		
Saturday	June		
Sunday	July		
	August		
Seasons	September		
spring	October		
summer	November		
autumn	December		
winter			

Vergangenheit

a long time ago
six or seven years ago
a few years ago
a couple of years ago
eighteen months ago
last year
a few months ago / weeks ago
recently
the other week
last week
a few days ago
the other day
the day before yesterday
yesterday evening
last night
this morning
a minute ago

Gegenwart

now

Zukunft

in the morning
tomorrow morning
tomorrow
the day after tomorrow
in a day or two
in a couple of days
next Saturday
next Sunday evening
in a few days time
soon
next week
a week on Thursday
next month
in a few weeks time
next year
in a couple of years

Vor- und Nachsilben

unmarried	*unverheiratet*
non-smoker	*Nichtraucher*
anti-American	*antiamerikanisch*
pro-American	*proamerikanisch*
pre-war	*Vorkriegs-*
post-war	*Nachkriegs-*
ex-President	*ehemaliger Präsident*
re-start	*wieder starten*
misunderstand	*missverstehen*
over-confident	*allzu selbstbewusst*

dark	*dunkel*	dark**ness**	*Dunkelheit*
wash	*waschen*	wash**able**	*waschbar*
bright	*hell*	bright**en**	*aufhellen*
home	*Wohnung*	home**less**	*wohnungslos*
hope	*Hoffnung*	hope**ful**	*hoffnungsvoll*
young	*jung*	young**ish**	*relativ jung*

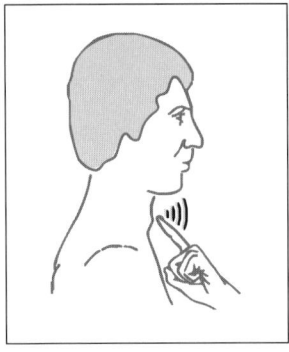

[b] **b**in, [v] **v**iew, [ð] **w**ith, [d] sai**d**,
[z] **z**ero, [ʒ] televi**s**ion, [dʒ] bri**dg**e,
[g] **g**o, [m] **m**en, [n] **n**ow, [ŋ] si**ng**,
[l] **l**ong, [r] **r**ed

*Es gibt zwei Arten
von Konsonanten
(»Mitlauten«) im
Englischen:*
*– »stimmhafte«
Sie fühlen eine
Vibration.*

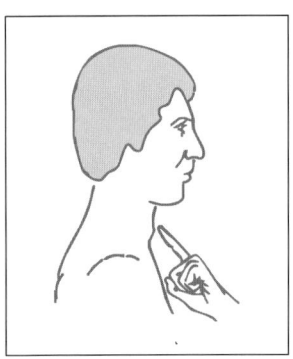

[p] **p**in, [f] **f**ew, [θ] **th**ink, [t] se**t**,
[s] **s**ay, [ʃ] fi**sh**, [tʃ] chur**ch**, [k] **c**ome,
[h] **h**ouse, [j] **y**ellow, [w] **w**ear

*– »stimmlose«
Sie fühlen keine
Vibration.*

Aussprache des »-ed« im Past Simple

walk**ed**

wie t in »Takt« nach stimmlosen Lauten (p, f, ss usw.)

open**ed**

wie d in »Ende« nach stimmhaften Lauten (b, v, g usw.)

wait**ed**

wie id in »Widder« nach t oder d

Aussprache des »-s« in der 3. Person im Present Simple

wait**s**

wie ss in »nass« nach stimmlosen Lauten

open**s**

wie s in »Sahne« nach stimmhaften Lauten

pass**es**, los**es**, wash**es**, watch**es**, judg**es**

wie is mit weichem -s am Ende nach [s], [z], [ʃ], [tʃ], [dʒ]

Aussprache von Mehrzahlformen

book**s**, cup**s**

Regeln wie bei -s in der 3. Person: wie ss in »nass« nach stimmlosen Lauten

game**s**, boy**s**

wie s in »Sahne« nach stimmhaften Lauten

bus**es**, hous**es**, wish**es**, judg**es**

wie is mit weichem -s am Ende nach stimmlosen Lauten [s], [z], [ʃ], [tʃ], [dʒ]

Besitzangaben

Ravi's car is a Ford. Whose bag is this? – It's **Jean's**.	*In der Einzahl wird* **'s** *angehängt.*
The **children's** room is on the left.	*Bei unregelmäßigen Mehrzahlformen wird wie in der Einzahl* **'s** *hinzugefügt.*
The **boys'** room is at the top of the stairs. The **students'** work wasn't very good.	*Bei regelmäßiger Mehrzahl wird ein Auslassungszeichen an das Mehrzahl-***s** *angehängt.*

Sonderregeln

watch – wat**ches** box – bo**xes** tomato – tomat**oes**	*Nach* **-ch**, **-sh**, **-x**, **-s**, **-o** *tritt ein* **e** *vor das Mehrzahl-***s**.
like – lik**ed** nice – nic**er** late – lat**est**	*Endet eine Grundform auf* **-e**, *tritt bei* **-ed**, **-er**, **-est** *kein zusätzliches* **e** *hinzu.*
fly – fl**ies**	**-y** *wird zu* **-ie** *vor* **-s**.
try – tr**ied** easy – eas**ier** lazy – laz**iest** happy – happ**ily**	**-y** *wird zu* **-i** *vor* **-ed**, **-er**, **-est**, **-ly**.
begin – begi**nn**er big – bi**gg**er stop – sto**pp**ing permit – permi**tt**ing	*Nach kurzem* **a**, **e**, **i**, **o**, **u** *wird der folgende Konsonant (»Mitlaut«) vor* **-er**, **-est**, **-ing** *oder* **-ed** *verdoppelt.*

Amerikanisches Englisch – Britisches Englisch

Das amerikanische Englisch (AE) hat einige Eigenarten, die inzwischen wieder auf das britische Englisch (BE) zurückwirken. Über die Medien und durch direkte Kontakte werden in erster Linie Wörter aus dem amerikanischen Englisch ins britische Englisch »zurückimportiert«. Außerdem gibt es Unterschiede in Schreibweise und Grammatik.

Wörter

BE	AE
autumn	fall
bill	check
the cinema	the movies
fellow, chap	guy
ground floor	first floor
holiday(s)	vacation
motorway	freeway
petrol	gas
shop	store
underground	subway

Rechtschreibung

BE	AE
travel – travelling	travel – trave**ling**
dial – dialling	dial – dia**ling**
centre	cent**er**
theatre	theat**er**
colour	col**or**
neighbour	neighb**or**
catalogue	catal**og**
defence	defen**se**
programme	prog**ram**

Grammatik

BE: I **have** never **gone** to Hawaii.
AE: I never **went** to Hawaii.

BE: **Have** you **seen** my coat?
AE: **Did** you **see** my coat?

BE: **Have you got** a pen on you?
AE: **Do you have** a pen on you?

Wo im BE Present Perfect steht, kann im AE oft Past Simple stehen (vgl. S. 46).

*Die im BE normale Frage mit **have** got wird im AE oft (aber nicht immer) durch **Do you have...** ? ersetzt.*

einen Rat geben

I'd complain **if I were you**.
You ought to take a couple of
    days of.

Ought to ist stärker und drückt
Objektivität aus.

zustimmen

I'm looking forward to the week-
    end.
– So am I.

Das Hilfsverb wird in der Antwort
wiederholt.

I love chocolate.
– So do I.

Wenn kein Hilfsverb steht, wird in
der Antwort do benutzt.

I don't like football on television.
– Neither do I.

Wenn jemand eine verneinte Aussage
macht, stimmt man ihr mit neither +
nicht verneintem Hilfsverb zu.

sich entschuldigen

I'm sorry.
– I'm sorry.

Keiner hat Schuld, beide sagen das
Gleiche.

I AM sorry.
– That's quite all right.

Betonung auf am, deutliche Ent-
schuldigung

Excuse me, could you change a
    pound please?

Sie wenden sich an jemanden, weil
Sie Hilfe benötigen.

Excuse me, please.

Sie möchen an jemandem vorbei.

Have you got the tickets yet?
– I'm afraid not.

Mit I'm afraid klingt eine ablehnen-
de oder verneinte Antwort freund-
licher.

Could I speak to John please?
– I'm afraid he's out at the
    moment.

um etwas bitten

A pound of apples, **please**.
Could you pass the salt, **please**.

Ohne please klingen diese Sätze
unfreundlich.

jemanden bitten etwas zu tun

Could you spell it, **please**.
Will you ask him to ring me,
  please.

*Am Ende steht unbedingt **please**.*

Would you mind open**ing** the
  door, **please**.

*Bei Personen, die einem nicht be-
kannt sind, wird die noch höflichere
Formel **would you mind... -ing**
benutzt.*

um Erlaubnis bitten

May I use your phone?

persönliche Bitte

Do you mind if I smoke?
– I'd rather you didn't.

Is it all right if I park here?
– No, I'm afraid parking isn't
  allowed.

*Frage nach Einhalten von Bestim-
mungen*

korrigieren

I think you've made a mistake.
I think it should be $2.80, not
  $3.80.

***I think** macht den Widerspruch
akzeptabler.*

I think it was 1982, **wasn't it**?
I think the train goes at ten past,
  doesn't it?

*Oft tritt ein Frageanhängsel hinzu
(siehe S. 81).*

Einladungen

Would you like to have lunch
  with us?
– Oh thank you, I'd love to.
– That's very kind of you, but I'm
  afraid I can't.

etwas anbieten, Hilfe anbieten

Would you like a cake?
– Thank you. I'd love one.

*etwas anbieten (z. B. Essen und
Trinken)*

Let me carry that for you.
We'll do the washing up.
Shall we pick you up at the station?

seine Hilfe anbieten

Can I give you a hand?
– Thank you. That's very kind of you.
– It's all right thank you. I can manage.

allgemeines Hilfsangebot

Have a cake!
Help yourself.

Aufforderung mit der »Befehlsform«

ablehnen etwas zu tun

I won't work on that machine. It's dangerous.
He won't tell me.

*Mit **won't** drückt jemand aus, dass er oder sie etwas nicht tun will.*

einen Vorschlag machen

Why don't you get a taxi?
You could send it air mail.
Let's go now or we'll be late.

Nützliche Redewendungen

Verständigung regeln

Could you say that again please?
What does this mean?
Could you speak slowly please?
How do you spell...?

nach dem Weg fragen

Excuse me, could you tell me
    where... is, please?
Turn left/right.
Take the (second) turning on the
    left/right.
It's on the left/right.
It's straight ahead.
Go straight along/down/up here.

nach der Uhrzeit fragen

Have you the time, please?

jemand fährt weg

Have a good holiday.
Have a good trip.
Have a safe journey.

sich vorstellen

I don't think we've met before.
I'm...

telefonieren

May I speak to... , please?
– Speaking.
Just a moment, please.
Can I take a message?
I'll ask him/her to ring you.
Sorry. I've got the wrong number.

jemandem Grüße ausrichten lassen

Give my regards to...
Say hello to...

zum Geburtstag

Happy birthday!
Many happy returns.

an/kurz nach Neujahr

Happy New Year.
– Thank you. The same to you.

jemand hat eine Prüfung bestanden, eine Stelle gefunden o.Ä.

Congratulations!

Index